【왕치와 소새와 개미】

제주의 삶과 문화를 잇는 사람들

【오차와 바치】

초판 인쇄 2004년 12월 15일
초판 2쇄 2006년 2월 15일

글쓴이 김순자
펴낸이 박경훈
펴낸곳 도서출판 각

도서출판 각
주소 제주도 제주시 건입동 89
전화 064-725-4410
팩스 064-759-4410
홈페이지 www.gakbook.com
등록번호 제 80호
등록일 1999년 2월 13일

표지디자인 박경훈
북디자인 김영훈, 김지희

ISBN 89-89719-69-0 03380

값 15,000원

제주의 삶과 문화를 잇는 사람들

와치와 바치

김순자 글

각

● 책을 펴내며

사람이 꽃보다 아름다운 이유

제주는 언어, 민요, 무속, 공예 등 유무형의 독특한 문화유산을 간직하고 있다. 절해고도의 거친 땅과 험난한 바다를 헤치며 살아온 사람들답게 제주의 문화는 여느 지역과 다른 독특한 때깔을 지니고 있다. 우리말의 원형인 고어가 살아 있고, 노동요가 산재해 있으며, 민간신앙인 '굿'이 명맥을 잇고 있다.

제주사람들은 풍토와 기후에 맞게 제주 돌을 이용해 돌하르방을 비롯한 갖가지 돌 민속품을, 질흙을 이용하여 살아 숨쉬는 제주옹기를 만들어 썼다. 갓과 탕건 · 망건 · 정동모자 등의 생활용품은 물론, 독특한 음식과 주거문화를 새롭게 만들어내는 등 풍부한 문화유산을 남겨 놓았다.

'제주의 삶과 문화를 잇는 사람들'의 이야기인 《와치와 바치》는 제주의 전통문화를 일구고 가꾸는 무형문화재와 소박하지만 한길 인생을 걷는 사람들의 인물탐구보고서다.

《와치와 바치》는 필자가 신문사 문화부 기자로 일할 때 〈脈-제주 사람들의 삶과 문화〉와 〈휴먼스토리〉를 통해 소개했던 무형문화재와 명장, 장이, 그리고 신문사를 나온 후에 만난 석공예 명장 가운데 25명을 가려 뽑아, 그들의 진솔하면서도 소박한 이야기를 엮은 책이다. 조상들의 얼과 지혜가 담뿍 담긴 제주의 문화유산들을 지켜온 사람들의 이야기인 셈이다.

무형문화재들을 만나면서 피상적으로 알았던 제주 문화의 속살을 들여다 볼 수 있는 기회를 가졌다. 제주 문화의 뿌리를 지키고 이어가는 무형문화재들의 소박한 삶과 강한 의지에 전율하고 전율하였다. 제주 문화를 깊이 들여다보기 위해서는 무형문화재의 기능과 현상을 파악하는 일도 중요하지만 더 많은 사람들을 만나야 한다는 각오도 다질 수 있었다.

그러나 선인들의 지혜와 삶이 녹아 있는 제주지역 무형의 문화유산도 시대변화와 흐름 속에 '사라질 위기'에 처해 있다. 상당수의 무형문화재는 후보자와 전수생이 없어 맥이 끊길 위기에 놓여 있다. 연재를 끝내고 3년 밖에 흐르지 않았지만 고인이 된 분도 더러 있어 가슴이 아플 뿐이다.

출판을 앞두고 내용을 보완하겠다는 욕심은 게으름으로 실천에

옮기지 못하였다. 시의성이 떨어지거나 잘못된 부분은 바로잡고, 연재 당시 활자의 한계로 제대로 표기하지 못한 제주어는 표기법에 맞게 고쳐 제주방언의 묘미를 살렸다. 또 관련 사진을 촬영, 수집하여 독자들의 이해를 돕고자 하였다. 그러나 치열하지 못한 내 자신을 보이는 것 같아 얼굴이 화끈거리지만, 흩어진 자료를 하나로 모은다는 생각에 부끄러움을 무릅쓰고 책을 펴낸다.

큰 수확이라면, 무형문화재와 한길 인생을 살아온 '와치와 바치' 들을 만나면서 제주문화의 소중함과 소박한 아름다움, 문화를 일구고 가꾸는 사람들이 꽃보다 아름다울 수밖에 없는 진중한 가치를 확인한 점이다. 게다가 '와치와 바치' 를 만나 그들의 내력을 기록할 수 있었던 것은 큰 행운이자 가치 있는 일이었다.

부족하지만 《와치와 바치》가 제주 지역 무형문화의 소중함과 가치를 일깨우는 역할을 할 수 있었으면 좋겠다.

이 책은 모두 5부로 나누었다.

1부 '이 한숨, 이 한탄 다 돌아가도라' 에는 갓일(총모자 · 양태) 기능 보유자와 망건장, 탕건장, 정동벌립장의 애환과 문화적 특성 등을 담았다.

2부 '나 노래랑 산 넘어 가라' 에는 힘든 노동의 삶을 소리로 승화해 낸 〈해녀노래〉 · 〈방앗돌 굴리는 노래〉 · 〈멸치 후리는 노래〉 · 〈제주민요〉 예능 보유자들을 통해 제주사람들의 지혜와 숭고한 정신을 나타내려 애썼다.

3부 '귀신의 본을 풀면 신나락하고' 에서는 〈영감놀이〉 · 〈제주 큰굿〉 · 〈칠머리당굿〉기능 보유자와 〈김녕리 잠수굿〉 매인심방을 통해 무속의 길을 걸을 수밖에 없는 사람들의 운명과 제주 굿의 특성을 드러냈다. 제주어 기능인을 만나 제주어의 우수성을 들여다 볼 수 있도록 하였다.

4부 '불미나 불엉 담배나 먹자' 에는 〈불미공예〉기능 보유자, 허벅장, 〈석공예〉 명장, 전래 고유의 덕판배를 복원한 배목수의 치열한 삶을 통해 장이와 꾼들의 내면과 노력을 생동감 있게 표현하려고 했다.

5부 '삶과 죽음이 맞서라마는' 에서는 제주전통 민속주 〈오메기술〉과 〈고소리술〉 기능 보유자와 전통요리 연구가, 장학사업과 무료진료에 앞장서 온 한의사의 고귀한 삶과 아픔, 90살 넘게 약방을 지켜온 약방개업 1호, 잠녀, 죽은 자의 호사를 시켜주는 수의 기능인이 들려준 진솔한 이야기를 통해 제주문화의 지평을 넓히려 했다.

'와치와 바치' 는 전문기능인을 뜻하는 사람들에게 붙는 접미사로서, 제주의 장인과 꾼을 함축하는 말이다. 가죽신 만드는 일을 직업으로 삼았던 '갖바치' , 바느질 잘하는 '바느질와치' , 사냥꾼의 다른 말인 '총바치' , 농사를 지을 때 씨를 뿌리는 '씨와치' 따위와 같이 쓰인다. 그러니 이 책에 소개된 25명은 자기 일에 한해서만은 일가견을 이룬 전문기능인이라는 뜻을 지닌다.

귀찮은 취재과정에도 궂은 내색 않고 살아온 내력과 제주 문화의 특성 등을 담담하게 들려준 제주의 아름다운 사람, '와치와 바치' 들에게 이 책을 바친다. 책 출판을 위해 노력을 아끼지 않은 도서출판 각, 연재 지면을 제공해준 제민일보사, 사진을 제공해준 여러 분과 마음 속으로 격려를 해준 모든 분들에게 고마움을 전한다.

2006년 2월 한라산이 보이는 공부방에서

김순자

차례

1 이 한숨, 이 한탄 다 돌아가도라

2 나 노래랑 산 넘어 가라

3 귀신의 본을 풀면 신나락하고

4 불미나 불엉 담배나 먹자

5 삶과 죽음이 맞서라마는

이 한숨, 이 한탄 다 돌아가도라

김 인 - 총모자 기능 보유자
장순자 - 양태 기능 보유자
이수여 - 망건장
김공춘 - 탕건장
홍달표 - 정동벌립장

총모자 기능 보유자

김 인 할머니

제주의 여자, 준립 결어 식생활 도와

갓은 선비의 표상이다. 갓은 총모자(갓모자)와 양태가 어우러질 때 완전한 형태를 갖추게 된다. 갓을 쓰기에 앞서 선비들은 망건과 탕건으로 머리를 단장한다. 총모자(갓모자)·양태·탕건·망건 등을 총칭해서 '관모'라고 부른다.

제주에서 관모 공예가 언제부터 이뤄졌는지는 알지 못한다. 《조선왕조실록》 현종 5년(1664) 3월 26일(무자) 기사에 "백성들은 모두 장공(匠工) 일을 업으로 하고 있는데 여자들까지도 말총으로 갓을 만들

정병모의 《한국의 풍속화》에서 발췌

갓을 쓰고 있는 남자 모습이 담긴 신윤복의 그림 〈달빛여인〉.

어 뭍에 내다 팔아서 먹고 산다."는 기록이 보이는 것으로 미루어 보면 '말의 고장' 제주는 오래 전부터 관모 공예가 성행했음을 짐작하여 볼 수 있다.

제주에서의 갓일은 주로 제주시 시가지를 중심으로 동쪽으로는 조천읍 일대, 서쪽으로는 애월읍 광령리 등 동반부 일대에서 성행하였다. 제주시 도두와 이호 · 외도 등을 중심으로 '갓모자'가 성행했고, 삼양 · 화북 · 신촌 · 와흘 등지에선 '양태', 조천 · 신흥 · 함덕 등지에선 '망건', 화북 · 삼양 · 신흥 · 도련 등지에선 '탕건' 작업을 주로 하였다. 제주 외에도 경상남도 통영과 거제 등지에서 관모 공예가 주로 전승되었는데 지금은 거의 제주에서만 명맥을 잇고 있는 실정이다. 통영과 거제도에서는 관모 공예가 거의 남성들 작업이었던 데 반해 제주도에서는 여성들에 의해서 전승되는 것도 특이한 현상이다.

일곱 살에 시작해 4대째 총모자 결어

중요무형문화재 제4호 갓일(총모자) 기능 보유자 김인 할머니(1920

총모자를 겯고 있는 김인 할머니. 조성익 사진 ➔

《만농 홍정표 선생 사진집 - 제주 사람들의 삶》에서 발췌

총모자는 제주시 도두 · 이호 · 외도동 등을 중심으로 성행했다.

년 생 · 제주시 도두1동)도 어렸을 때부터 총모자를 결는 것으로 생활을 보탰다.

김 할머니가 총모자를 결기 시작한 것은 일곱 살 때부터다. 그때부터 서른 살 넘어 갓 수요가 없어질 때까지 총모자를 결어 가계를 도왔다. 갓 수요가 없어져 20년 가까이 손을 놓았던 갓일도 문화재로 지정되면서 김 할머니의 중요한 생활 수단이 되었다.

김 할머니는 할머니 · 어머니에 이어 총모자 결는 일은 하고 있다. 뒤를 이어 딸(강순자/전수자)과 며느리(김채옥/조교)가 총모자 결는 일을 돕고 있어 김인 할머니 가족은 4대째 총모자 결는 일을 하고 있는 셈이다.

김 할머니는 네 살 때 제주시 이호동(덕지동)에서 현재 살고 있는 도두동으로 이사왔다. 여든이 넘은 나이에도 김 할머니는 눈과 귀가 밝아 아직도 총모자를 결는다. 지금도 자신이 필요한 곳이면 어디든지 마다 않고 달려가는 김인 할머니를 보면서 제주 여성의 옹골참을 확인할 수 있다.

"나는 일곱 술(살) 때부텀 총모자를 줄앗어(결었어). 골걸이가 높아 베개 위에 걸터앚앙(걸터앉아서) 어머니영 ᄀᆞ찌(함께) 총모자를 줄앗지. 총모자를 졸아두민(결어두면) 성안에서(제주시에서) 상인덜이 받으레 왓어. 마을 사름끼리 구들(방안, 여기에서는 '갓청' 을 말한다)에 모영(모여) 밤늦도록 총모자를 졸앗지. 화장실과 밥 먹을 때를 제웨헤서(제외해서) 총모자를 졸앗어. 오일장 날에는 떡이랑 산물(귤의 한가지)을 사당(사다) 먹고, 좁쌀을 메와서(모아서) 오메기떡 멘들아(만들어) 먹으멍(먹으면서) 밤이 이식허게(이슥하게) 모자를 졸앗지. 신(있는) 사름덜은(사람들은) 20~30개 메왕(모여) 풀민(팔면) 그 돈으로 집도 사고 밧도(밭도) 장만헷지."

전기가 없던 시절, 할머니는 '각짓불'(등잔불) 밑에서 총모자를 결었다 한다. 각지불에서 '등핏불' (남포등)로 바뀌니까 그렇게 세상이 밝을 수가 없었다 한다. 김 할머니는 당시 느낌으론 요즘 전기보다 더 밝았던 것 같다며 활짝 웃는다.

할머니가 결은 총모자는 곱다고 알려져 장사꾼들이 미리 선금을 놔두고 갈 정도였다고 한다. 보통 사람들이 하루벌이로 20전 벌 때 할머니는 27전을 벌었다고 한다. 할머니의 나이 열댓에서 스무 살쯤 됐을 때의 일이니 얼추 60년 전 이야기이다. 당시 보리밭 '검질'(김) 매는 일이 하루 13전 할 때니까 할머니의 벌이는 제법 쏠쏠한 편이었다.

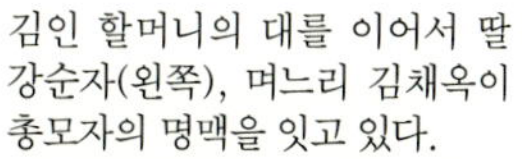
김인 할머니의 대를 이어서 딸 강순자(왼쪽), 며느리 김채옥이 총모자의 명맥을 잇고 있다.

조성익 사진

젊었을 때는 생계 수단, 지금은 문화유산

총모자 수요가 없어지자 할머니는 서른 몇 살부터 20여 년 동안 총모자 겯는 일을 중단했다. 그러다가 1980년 11월 17일 제주시 도두동의 오송죽 할머니(1984년 1월 27일 작고)가 중요무형문화재 제4호 갓일(총모자) 기능 보유자로 지정되면서 할머니는 전수자로 갓일 명맥을 잇는 데 동참하였고, 1985년 2월 1일자로 기능 보유자로 지정되어 오늘에 이른 것이다.

김 할머니는 젊었을 때는 생계의 수단으로 총모자를 겯었지만 1980년대부터는 우리의 문화유산을 전승한다는 '큰 사명'을 갖고 총모자를 겯어 나갔다. 그래서 그럴까. 할머니는 전승공예대전, 한라문화제(현 탐라문화제) 등 할머니의 손이 필요한 곳이면 어디든 마다 않고 달려 나간다.

눈속의 조랑말. 총모자는 말총을 재료로 한다.

박경훈 사진

총모자는 보통 '말총'(말의 꼬리털)을 이용했다. 그러나 '쉐'(소) 꼬리털, 즉 '쉐총'으로 겯은 총모자도 있었는데, '쉐총'으로 겯은 총모자는 한산모시마냥 고운 것도 있었다고 한다.

총모자는 30줄짜리(1줄에 4도리)와 50줄짜리가 있었다. 30줄짜리 총모자는 성긴 것이고, 50줄짜리는 촘촘한 것으로 곱다. 30줄짜리 모자가 하나에 24~25전 하면 50줄짜리는 50전, '그 웃대기'(그 위의 상품)인 '좀진'(가는) 50줄은 2전을 더 쳐줬다. 김 할머니가 결은 총모자는 '좀진' 50줄짜리 모자가 대부분이었다.

김 할머니는 욕심 없이 살지만, 욕심 날 때가 있다고 한다. 텔레비전에 좋은 말총이 보이면 '저거 나 줘시민(줬으면)….' 한다는 것이다. 요즘은 말총 구하기가 예전과 같지 않아 알음알음해서 말총을 구해다 쓰고 있다.

〈제주의 문화재〉에서 발췌

말총 재료인 말총과 골걸이에 걸어진 총모자와 완성된 갓.

김인 할머니는 총모자 겯는 일 못지않게 말총을 잘 다듬는 일이 중요하다고 강조한다. 말총을 잘 관리하지 못하면 써먹을 수가 없기 때문이다.

말총을 쓰기 위해서는 먼저 말총 관리부터 시작하여야 한다. 말총은 금방 사올 때는 오줌냄새, 똥냄새로 집안이 진동한다. 냄새가 날아 갈 때까지 집 밖에 걸어두었다가 따뜻한 물에 가루비누를 풀어서 빨고 또 빤 다음 사용한다. 이렇게 깨끗해진 말총을 갖고 총모자를 결었다. 완성된 총모자는 중간 상인들이 사 가서 갓방에서 먹물을 들인 후에 양태와 어울려 옹근 갓을 꾸몄다.

'갓일'이 중요무형문화재로 지정된 것은 1964년 12월 14일 경상남도 충무(현재 통영) 출신 고정규(1878~1979)가 기능 보유자로 지정되면서부터다. 이어 1980년부터는 기능 보유자가 제주에서 탄생하였는데 그 해 11월 17일자로 기능 보유자가 된 오송죽 할머니(작고)가 그 주인공이다. 오송죽 할머니에 이어 1985년 2월 1일자로 김인 할머니가 중요무형문화재 '갓일' 기능 보유자로 명맥을 이어 제주 여성의 자존심을 지키고 있다.

"갓일이 돈도 뒈지(되지) 않고 재미도 어신(없는) 일인디(일인데) 요즘 젊은이덜이 누가 배우겟어. ᄒᆞᆫ달에 10만 원씩 지원뒈는 전수 장학금은 교통비도 안 뒈(돼). 전수 장학생 나이를 열다섯 ᄉᆞᆯ부텀 서른다ᄉᆞᆺ ᄉᆞᆯ(서른다섯 살)ᄁᆞ지로 제한을 허는 것도 문제주."

김 할머니의 푸념을 그냥 푸념으로 흘려들을 일이 아니다. 제주 여성들에 의해 누대로 전해지던 관모 공예. 과연 '갓일' 기능 보유자들만의 전유물로 그쳐야 할 것인가.

(2001. 6. 2.)

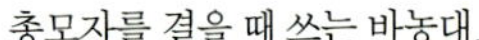
총모자를 결을 때 쓰는 바농대.

● 총모자는 어떻게 결을까?

한국의 갓은 그 모양이 품위 있고 우아하다는 점에서 전 세계의 관모 가운데 높이 평가된다. 갓은 머리를 덮는 '총모자'(갓모자)와 얼굴을 가리는 '양태'로 이뤄진다.

총모자는 흔히 말총으로 겯는다. 말총은 유연하고 질기며, 머리에 쓰면 감촉이 좋다. 가볍고도 느낌이 좋다.

총모자는 '골걸이' 위에 '골'(木椝 · 모자골)을 걸어놓고 결어간다. '천박'이라는 정상 부분부터 겯기 시작하여 옆으로 내려온다. '생이방석'으로 불리는 중심부부터 정상 부분을 겯기 시작한다. 정상 부분을 결어가는 동안 날줄 사이사이에 몇 차례 줄을 끼워 넣는다. 이렇게 하다보면 당초 80줄로 시작된 날줄이 상품인 경우에는 무려 400줄로 불어난다.

옆면을 결어가는 줄은 '몸줄'이라고 하는데, 몸줄 수효 역시 상품일 때는 200줄쯤 된다.

총모자는 오일장날 중간상인들이 사 간 후에 총모자의 몸줄 간격을 조절하고, 골에 끼운 총모자를 삶은 다음에 먹칠을 한다. 먹칠을 할 때는 '사지'라는 말총으로 만든 붓을 사용한다. 머리를 덮는 총모자는 얼굴을 가리는 갓양태를 붙여 갓방에서 '옹근갓'을 만들었다. 옹근갓을 만드는 것은 중간상인들의 몫이었다.

'모자골'은 '골걸이' 위에 얹어놓고 모자를 겯는 데 쓰이는 도구로, 참나무 혹은 벚나무, 소나무 등으로 만든다. '골걸이'는 네모난 널빤지 위에 모자를 걸 수 있도록 수직으로 나무 기둥을 세워놓은 것을 말한다. 참나무나 벚나무를 이용하여 만든다.

총모자를 겯는 '바농대'(바늘대)는 쇠로 만들었다. 바농대는 한 쪽 끝은 갈고리 모양으로 되어 있고 손잡이 쪽은 너부죽하게 만들었다. 모자를 결을 때나 몸줄의 간격을 일정하게 고를 때 사용한다.

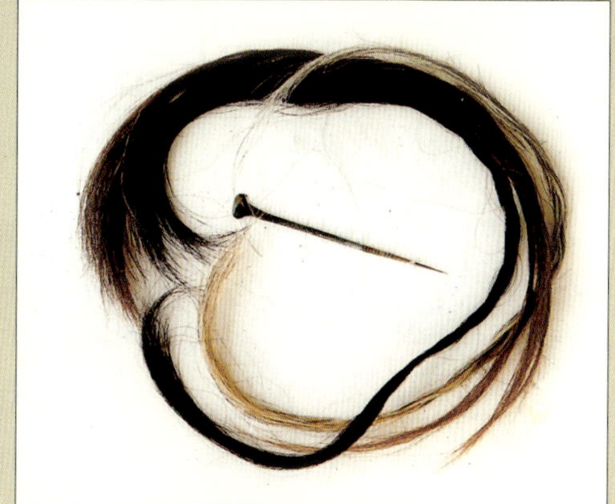

말총과 바농대.

골걸이와 총모자.

갓(정춘모 작).

《1992 중요무형문화재 보유자 작품전》 도록에서 재인용

양태 기능 보유자

장순자 씨

ᄒᆞᆫ 도리 두 도리 ᄒᆞᆫ 코 두 코
판이야 판이야 빨리 돌아도라
이 한숨 이 한탄
돌리는 판에 다 돌아가도라
ᄒᆞᆫ 코 두 코 ᄒᆞᆫ 도리 두 도리
판이야 판이야
나의 한숨 나의 한탄 다 돌아가도라.

– 〈양태 소리〉 중에서

양태장 장순자(오른쪽)가 어머니 고정생에게 양태를 겯는 조언을 받고 있다. 문두경 사진

외할머니 · 어머니 이어 3대째 양태 인생

지난 2000년 7월 중요무형문화재 제4호 갓일(양태) 기능 보유자로 지정된 장순자 씨(1940년 생 · 제주도 북제주군 조천읍 조천리).

제주시 삼양동 출신인 장 씨는 외할머니 강군일, 어머니 고정생에 이어 3대째 '양태 인생'을 걷고 있는 양태바치다. 장 씨가 양태를 짜면서 어머니께서 불렀던 노래라며 들려준 앞의 노랫말에는 부박한 삶을 살았던 제주 여인의 애환이 고스란히 서려 있다.

"어머니께서는 ᄋᆢᆺ 술(여섯 살) 때 양태를 배워 70년 동안 양태만 짜다 돌아가셧주. 아버지와 싸움을 헐 때도 어머니께서는 '양태판이'와 '구덕'만 들고 피해버릴 정도로 어머니 인생은 '양태 인생'이라낫주. 사람들이 어머니를 보고 '널랑(너랑) 죽거들랑 손이랑 놔두고 죽어라'고 할 정도로 어머니가 짠 양태는 ᄎᆞᆷ(참) 고왓주."

어머니에 이어 양태 기능 보유자가 된 장 씨의 '양태 인생'은 양태 재료인 대나무 장사로 시작되었다. 선교 활동을 위해 육지에 나갔던 장 씨가 개인 사정으로 교회 활동을 하지 못하게 되자 어머니께서 "대나무 장사나 허라. 대나무 사올 사름(사람) 어선 양태 못 졸암저(겯는다)."라는 말 한 마디가 인연이 되어 양태장까지 온 것이다. 그 때가 장 씨 나이 23살 때이다.

양태는 대나무를 재료로 한다.

김순자 사진

"양태 재료인 대남(대나무)은 보통 담양에 가서 사왓주. ᄒᆞᆫ 번 대 장시(장사) 나가민(나가면) 50일 정도 살당 와신디(왔는데), 진(긴) 대가 있는 3,000~4,000평 정도의 대왓(대밭)을 사서 대를 졸랑(잘라) 운반허기 좋게 장만을 허여. 열 마차 정도의 대나무를 껍죽(껍질)과 쓸모없는 것을 졸라내고

1.8㎝ 크기로 다듬어 내민 쓸만헌 것은 훈 마차 정도밖에 안 돼주(안 되지). 경(그렇게) 장만헌 대나무를 제주에 웽겨왕(옮겨와) 양태 줓는(겯는) 사름덜안티(사람들한테) 풀앗는데(팔았는데), 대나무 장시로 돈도 좀 버실엇주(벌었지)."

어머니 고정생이 양태장으로 지정받은 것은 1980년 11월 17일이다. 장 씨 나이 41살 때의 일로, 이때부터 장 씨의 양태 인생도 본격적으로 시작된다.

"어느 날 어머니께 '대긁어 안내카 마씸'(걸목해 드리까요) 햇더니 '해보라'고 해. 그랫더니 '잘 햄저' 헌 게 어머니 곁에서 양태 인생을 산거주게(산거지)."

김순자 사진

양태 재료인 대 쪼개는 작업을 하고 있는 양태장 장순자 씨.

양태 작업 가운데 가장 힘든 일은 '걸목' 작업이다. 장 씨가 어머니께 '대 긁어 안내카마씸'이라고 할 때의 그 일이 바로 대를 깎는 걸목 작업이다. 걸목 작업은 책상다리를 한 채 가죽으로 만든 '무럽장'(무릎장) 위에서 젖 먹은 힘까지 다해 한 번에 대깎기를 해야 하기 때문에 웬만한 사람들은 하지 못한다. 대나무 100줄 깎는 데 반나절이 걸릴 정도라니 짐작만으로도 버겁다.

1991년 어머니(작고)께서 돌아가시자 어떻게 어머니 뒤를 이어야할지 몰라 앞 일이 막막하더라는 장순자 씨의 이야기이다.

양태 결을 때 사용하는 도구들.
김순자 사진

"어머니께서 돌아가시자 어찌나 막막하던지 거처를 아예 어머니 집으로 웽겨(옮겨) 왓주. 그 후론 어머니께서 쓰던 방구석에 틀어박혀 더운 줄도 모르고 양태만 줄앗지(결었지). 내가 못허민 어머니 망신이고, 나ᄁᆞ지 망신당헐 것을 생각하니 눈앞이 캉캄헌거라(캄캄한 거야). 그렇게 열심히 허당보난(하나보니까) 지난해에는 양태장도 뒈더라고."

양태장 지정 후 맨 먼저 대나무 사와

양태장이 된 후 그는 맨 처음 대나무 장사로 들락거렸던 전라남도 담양 오일장으로 달려갔다. 담양에서 대나무를 사다 마당 가득 들여 놓은 후 대나무 깎기부터 하였고, 지금은 할머니와 어머니를 이어온 '양태장'으로서 우리의 전통 문화인 갓일(양태) 전승이라는

← 양태를 결고 있는 양태장 장순자 씨. 김순자 사진

《1992 중요무형문화재 보유자 작품전》도록에서 발췌

갓은 양태와 총모자가 어우러져 완성된 모습을 갖춘다. (정한신 · 정한성 작)

고독한 작업에 자신을 맡겨버렸다.

장 씨는 어머니께서 돌아가신 후에야 평생 양태 겯기로 일관했던 어머니의 삶을 이해할 수 있었다고 한다. 양태 겯는 일이 너무 힘들어 딸들에게 권유도 못하고 있다. 그나마 딸들이 언젠가는 자신들이 해야 할 일이라 생각하고 있어 다행스럽단다.

"앉앙만(앉아서만) 허는 탕건 졸기만 아니라 대나무를 사오는 일, 대나무 다듬는 작업, 대오리를 만드는 과정까지 힘든 작업을 해야 하는데 누가 허젠 허여. 양태 ᄒᆞ나 완성허젠허민(완성하려면) ᄒᆞᆫ 달 이상 걸리고, 별다른 지원도 엇고…. 아무리 문화유산이라고 허지만 요즘 젊은이들이 이런 힘든 일을 누가 베우젠(배우려고) 허여."

장 씨의 이같은 푸념은 곧 전통 문화를 지키고 있는 이들의 공통된 생각인지 모른다. 그럼에도 그는 힘이 다할 때까지 할머니와 어머니께 물려받은 유업인 양태를 겯겠다고 다짐한다.

그의 마지막 소망은 어머니의 체취가 배어 있는 작업 공간을 '갓 공예 전시관'으로 꾸미는 일이다. 어머니께서 남겨 놓으신 양태와 유품, 장 씨가 모아놓은 양태, 제주의 기능 보유자들의 총모자와 망건 · 탕건 등 관모공예를 한 곳에 전시함으로써 도민과 관광객들에게 우리 선비들의 자존심이었던 갓 문화 일체를 보여주고 싶다는 것이다.

홍정표 사진. 《사진으로 엮는 21세기 제주시》에서 발췌

한 할머니가 양태를 겯고 있다.

"대나무 제품은 세계 곳곳에 있지만 머리의 소중함을 알게 해주는 것은 갓베끠(갓밖에) 엇어(없어). 제주에선 갓을 이루는 총모자와 양태 줏는(겯는) 것은 퉤지만(되지만), 이 둘을 합쳐 갓을 완성하는 방법은 전수되지 않아 아쉽지. 따로따로 줏는 총모자와 양태를 ᄒᆞ나로 완성허는 기술도 똑(꼭) 베와사 허커라(하겠어)."

바늘 코 하나만 잘못 되어도 양태를 제대로 겯을 수 없는 것처럼 우리의 인생살이도 마찬가지가 아닐까. '양태 짜기처럼 고지식하지만 정직하고 올바르게 살려고 노력한다.'는 장 씨의 생활신조가 글쓴이의 가슴에도 오래도록 남아 있을 것 같다.

(2001. 6. 22.)

● 양태는 어떻게 결을까?

'양태'는 '갓양태'의 준말로 '양대'라고도 일컫는다. 갓 밑 둘레 밖으로 둥글넓적하게 된 부분으로, 얼굴을 가리는 차양이 곧 양태다. 갓머리인 '총모자'가 말총을 재료로 한다면 양태는 담양에서 사온 분죽(粉竹)이 재료다. 양태는 '엉긴양태'와 '좀진양태' 두 가지로 구분해 상품과 하품으로 나눈다. 70도리 이상인 '좀진양태'가 상품이며, 90도리 양태는 '고분양태'라 해서 최상품으로 쳤다. 하품인 '엉긴양태'는 30도리짜리를 말한다.

양태는 총모자나 탕건·망건과 달리 공정이 매우 복잡하고 힘들다. 양태 제작 과정을 보면, 먼저 대나무를 보통 마디 길이로 잘라서 1.5~1.8㎝ 크기로 쪼갠 후에 운반한다. 대 마디와 마디 사이가 두 뼘(40㎝) 정도 긴 것은 '졸을대'와 '빗대'로 쓰고, 한 뼘 남짓(30㎝) 짧은 것은 '쌀'(날대)로 쓴다.

양태를 결기 위해서는 쪼개진 대나무를 20시간 정도 물에 담갔다가 잿물을 넣고 삶은 후에 속과 껍질 등으로 다듬어낸다. 이 작업을 두고 '결목 작업'이라고 한다. 결목 작업을 할 때 무릎 위에 덮어 쓰는 쇠가죽으로 된 도구는 '무럽장'(무릎장)이라고 한다.

결목 작업이 끝난 댓개비를 갖고 0.1㎝의 가느다란 대오리(여기서는 '대로 만든 실'이라는 뜻이다.)를 만들어 낸다. 대오리를 만들기 위해서는 '대칼', 대칼을 고정시키는 '대받훔', 대오리를 훑어내는 '빗대클'이 필요하다. 양태를 결기 위해서는 쇠로 된 '바농대'(바늘대)와 댓개비로 된 '고칫대'가 필요하다. 바늘 기능을 하는 대오리는 '머럭'이라고 불린다.

양태는 '양태판이'를 돌리면서 결는다. 양태판이는 직경 28㎝ 내외, 두께 7㎜ 쯤의 둥그런 널빤지를 말하는데, 벚나무와 느티나무를 재료로 해서 만들었다. 양태판이 가운데에 가로 세로 4㎝ 길이로 네모난 구멍이 뚫려 있다. 양태판이는 '텅에구덕'으로 받치는데, 텅에구덕은 쇠바늘대·지들쇠·머럭·무명실(엮음실) 그리고 양태를 짤 수 있는 대오리 등 도구와 양태 재료 등을 담아두는 기능을 한다.

양태를 짜기 위해서는 무명실에다 '쌀'(500개)을 엮은 후 다섯 도리 정도 '징밑돌이'를 한다. 징밑돌이가 끝나면 '빗대 꽂는 일'을 하는데 빗대로는 500개의 쌀이 필요하다. 양태 하나를 완성하기 위해서는 쌀 500개와 빗대 500개가 필요하며 공정은 약 한 달 정도 소요된다.

장순자 씨(왼쪽)가 어머니 옆에서 결목 작업을 하고 있다. ➜

양태판이에 얹어진 양태(왼쪽)와 재료인 대나무와 대오리. 《제주의 삶, 제주의 아름다움》에서 발췌

망건장

이수여 할머니

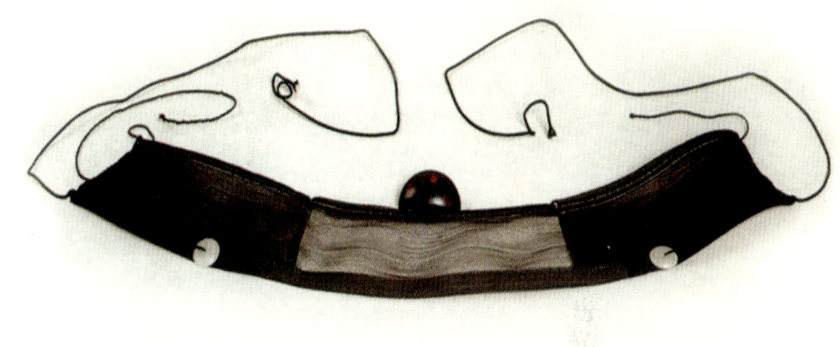

60년 동안 망건과 함께 생활

"맹근(망건)은 내 서방이고 내 일이야."

열두 살에 어머니한테 탕건 짜는 일을 배워 60년 가까이 말총과 바늘을 곁에 두고 탕건과 망건 겯는 일에 묻혀 살아온 중요무형문화재 제66호 망건장(網巾匠) 이수여 할머니(1923년 생 · 제주시 삼양2동).

지난 1987년 1월 5일 중요무형문화재 제66호 망건장이 된 이수여 할머니는 열두 살부터 스무 살까지 고향 봉개동에서 탕건을 겯어 생활을 했다. 일제강점기 들면서 수요가 없어지자 탕건 겯는 일을 잠시

망건장 이수여 할머니. 김순자 사진

중단했던 할머니는 스물여덟 살부터 망건 일을 다시 시작해 지금껏 망건 일을 손에서 놓은 적이 없다.

망건은 언제부터 착용했는지 모르지만 명나라에서 전래되었다고 한다. 《조선왕조실록》 세종 2년(1420) 4월 19일(정사) "말총으로 결은 망건 두 벌을 (명나라 사신에게) 선사하였다."는 기록으로 보아 망건은 명나라에서 우리나라에 들어왔지만 우리나라에서 발전된 뒤 다시 역수출된 것으로 보인다.

망건은 총모자와 탕건과 한가지로 말총을 재료로 한다. 망건은 갓을 쓸 때 머리카락이 흐트러지지 않도록 이마로부터 뒷머리 쪽으로 둘러치는 너비 7~8㎝의 '머리띠'이다. 갓을 쓸 때 상투 튼 사람은 망건 쓴 다음에, 깎은 머리는 탕건 쓴 다음에 쓸 정도로 갓 차림 때는 필수 용품이었다.

망건은 '당 · 편자 · 앞 · 뒤' 네 부문으로 구성된다. 망건은 관자 끈으로 고정시키는데 쓰는 법이 하도 복잡해 바쁠 때는 관자 끈이 귀 밖으로 삐져나오기도 했다. 이런 사람을 빗대서 "맹근(망건) 썽(써서) 귀 안 뺏저."라고 한다.

고단한 인생 "사난 살앗주기"

할머니의 '망건 인생'은 그냥 '망건 인생'이 아니다. 자그마한 바늘귀에 꿰어 있는 기다란 말총 줄로 한 땀 한 땀 공들여 짜낸 무수한 망건 속에는 할머니의 고단한 인생살이가 고스란히 녹아 있다.

"4 · 3 사건 소개 당시 남펜과 아덜 둘을 잃엇주. 두 번째 아덜은 낭(태어나서) 아흐레 만이(만에) 집이 불카 부니까 울당(불타 버리니 울다가) 죽엇어. 아덜과 손지(손자)를 잃어버린 시아바지(시아버지)가 시하르방(시할아버지) 3년 상(대상) 넘는 날 적차롱을 구루마(마차)에 실엉 삼양더레(삼양 쪽으로) 내려온 게 지금꺼정이야(지금까지야). 그로부터 난 시부모 이사가민(이사가면) 이사가곡. 시부모 검질(기음) 매레(매러) 가민(가면) 검질 매레 가곡, 쉐(소) 질뢍(키워) 촐(꼴) 비레(비러) 가민 촐 비레 가곡. 남펜이 돌

아간 후에는 시부모 밑을 떠나 본 적이 읏어(없어). 사난 살앗주기(살다 보니까 살았지.)"

이런 모진 삶을 산 할머니는 일평생 망건과 탕건을 '졸면서'(겯으면서) 마음을 추슬렀다고 한다.

"시아버진 여든훈 술(여든한 살)ᄁᆞ장 살당 돌아가셧어. 시아버지가 돌아가신 후 7년 만에 시어머니가 돌아가셧지. 시어머니는 '나 죽어 불민(버리면) 우리 메느리(며느리) 불쌍허영 어떵(어떻게) 살코(살까).' 허면서 돌아가셧는디 나가(내가) 인간문화재가 뒌(된) 게(것이) 바로 시어머니가 돌아가셧을 때야. 흰 머리창 들인 차(채) 문화재관리국에 가서 인간문화재 인증서를 받앗어. 시어머니 덕분 닮아."

정병모 《한국의 풍속화》에서 재인용

김홍도의 그림 〈씨름〉. 망건 쓰고 씨름하는 모습이 이채롭다.

할머니 삶이 깃든 망건과 탕건은 설이나 추석 등 명절 때, 혹은 제사를 보러왔던 사람들이 사가기도 했다. 할머니는 정신적 여유가 생기면서 동생이나, 조카 손자, 가까운 친척들이 결혼할 때 망건과 탕건 한 벌씩 선물하기도 했다.

망건 하나 완성하기 위해서는 넉넉잡아 열흘 정도 걸린다. 돈도 되지 않지만 앉은자리에서 해야 하기 때문에 배우려는 사람이 없다. 딸

◀ 망건을 겯고 있는 망건장 이수여 할머니. 조성의 사진

완성된 망건.(이수여 작) 《1992 중요 무형문화재 보유자 작품전》도록에서 재인용

강전향(1943년 생) 씨가 교육 보조자로, 손자며느리 이선아 씨가 전수 장학생으로 할머니의 맥을 잇고 있을 뿐이다.

"망건은 내 서방이고, 내 인생이라. 지금ᄁ정(까지) 일곱 번 집을 지영 이사햇주만 어염들지(곁눈질하지) 않고 앞만 보멍 생활햇주. 어떤 일이 셔도(있어도) '예, 맞수다.(맞습니다)' 하면서 긍정적이고 지쁜(기쁜) ᄆ슴(맘)으로 주변 사름덜이 웃으멍 살 수 싯게끔(있게끔) ᄆ슴을 비왕(비워서) 살당보난(살다보니까) 오늘ᄁ지 왓어."

한 코 두 코 망건을 결으면서 정직하고, 욕심 부리지 않으면서 산 것이 지금까지 눈도, 귀도 밝게 해준 것 같다는 이수여 할머니. 이 할머니는 망건 일은 어머니와 자신이 했던 일이고 우리의 소중한 문화유산이기 때문에 자신이 결은 망건이 일상화되지는 못할지라도 그 유산은 오래도록 남아 있길 소망한다.

"아무리 버친(힘든) 생활이라도 마음 곱게 먹고 정신만 바짝 차리민(차리면) 극복헐(극복할) 수 잇어."

할머니의 인생철학이 보이는 대목이다.

이여이여 이여도망긴

혼간에는 옷믿은망긴

혼간에는 집믿은망긴

정의좁쏠 나믿은망긴

함덕집석 나믿은망긴

일천시름 나믿은망긴

이여이여 이여도망긴

— 〈망건 노래〉 중에서

(2001. 7. 7.)

● 망건 재료와 도구

망건은 질이 좋은 말총으로 겯는다. 너무 짧거나 굵은 총은 망건을 결을 수 없다. 망건은 체를 네 개 얹어 만든 '쳇데기' 에 모직으로 된 모자를 뒤집어 그 안에 '망건꼴' 을 올려놓고 바늘로 한 땀 한 땀 마름모꼴로 정성스럽게 엮어 나간다.

망건을 겯기 위해서는 먼저 잉에 걸어 편자를 촘촘하게 짠 다음 바늘로 한 땀 한 땀 바닥짜기(80도리)를 한다. 망건을 결을 때는 총을 물에 적시면서 해야 총이 잘리지 않고 잘 짤 수 있다. 총을 이을 때는 '설죄' (3군데)에서 해야 하기 때문에 질이 좋은 긴 총을 써야 한다. 짧은 총이나 굵은 것은 탕건 겯는 데 사용한다.

망건은 80도리로 짠 것을 상품으로 친다. 한 도리를 짤 때 총 3개가 필요하다. 편자와 바닥짜기가 끝나면 당 걸기를 하고, 양 옆으로 공단으로 감싼 후 양쪽 끝에 검정 관자 끈을 단다. 또 편자 양쪽에 길이 14cm 정도를 공단으로 감싼 후 관자를 달면 망건이 완성된다. 관자는 보통 조개껍데기나 옥을 이용한다.

망건을 결을 때 사용하는 골무. 조성익 사진

완성된 망건.(이수여 작)《1992중요무형문화재 보유자 작품전》에서 재인용

망건의 재료인 말총과 쳇더귀(사진 가운데) 위에 올려진 망건꼴, 총사발, 완성된 망건.(이수여 작)《제주의 문화재》에서 재인용

탕건장

김공춘 할머니

바늘귀 꿸 수 있는 일곱 살에 시작

"탕근(탕건 · 宕巾) 줃는(겯는) 일은 '양반일'이라. 몰테우리(목동)나 잠녀일(물질)에 비하면 노는 거나 마찬가지주(마찬가지지)."

1980년 11월 17일 제주에서는 처음으로 '갓일'(4호)에 오송죽(총모자) · 고정생(양태)과 함께 중요무형문화재가 된 '탕건장' 김공춘 할머니(1919년 생 · 제주시 화북1동). 탕건을 분신처럼 평생을 곁에 두면서 생활하는 김 할머니의 넋두리 속엔 탕건 일에 대한 할머니의

완성된 탕건이 탕건꼴 위에 씌여 있다. 부현일 사진

강한 자부심이 가득 묻어난다.

김 할머니는 탕건 일을 바늘귀를 꿸 수 있는 나이인 일곱 살 때 고모한테서 배웠다. 10살 때 어머니를 여의어 고모와 할머니 사랑 속에서 자랐다는 김 할머니. 평생을 앉은 생활을 해서인지 3년 전에 추간판 탈골증(허리디스크)으로 양쪽 다리가 마비되어 바깥출입을 못하고 '구들 신세'(방 신세)를 지고 있다. 때문에 대외적인 탕건 일은 거의 김 할머니의 막내딸인 김혜정(1946년 생 · 제주시 삼양2동) 씨의 몫이 되고 말았다.

비록 '구들 신세'를 지고 있지만 아직까지 김공춘 할머니 손에선 탕건 일이 놓인 적이 없다. 팔십을 훌쩍 넘긴 나이임에도 할머니는 한 코 두 코 인생살이를 엮어 나가듯 탕건을 '뭇아나가고'(짜고) 있다.

할머니가 살고 있는 방안은 할머니의 체취가 묻은 탕건 도구들이 즐비하게 놓여 있어 지난 세월을 반추하게 해준다. 중요무형문화재 인증서와 손때가 묻어 반질반질 검게 변한 '탕건꼴'과 '첫데기', 완성된 탕건, 정자관, 말총으로 겯은 액세서리, 새로 제작한 탕건꼴까지. 첫데기와 탕건꼴은 얼마나 오래 썼는지 여기저기에 좀이 슬어 구멍이 숭숭 나 있는 것도 있었다.

완성된 탕건을 들어보이는 탕건장 김공춘 할머니. 부현일 사진 ➔

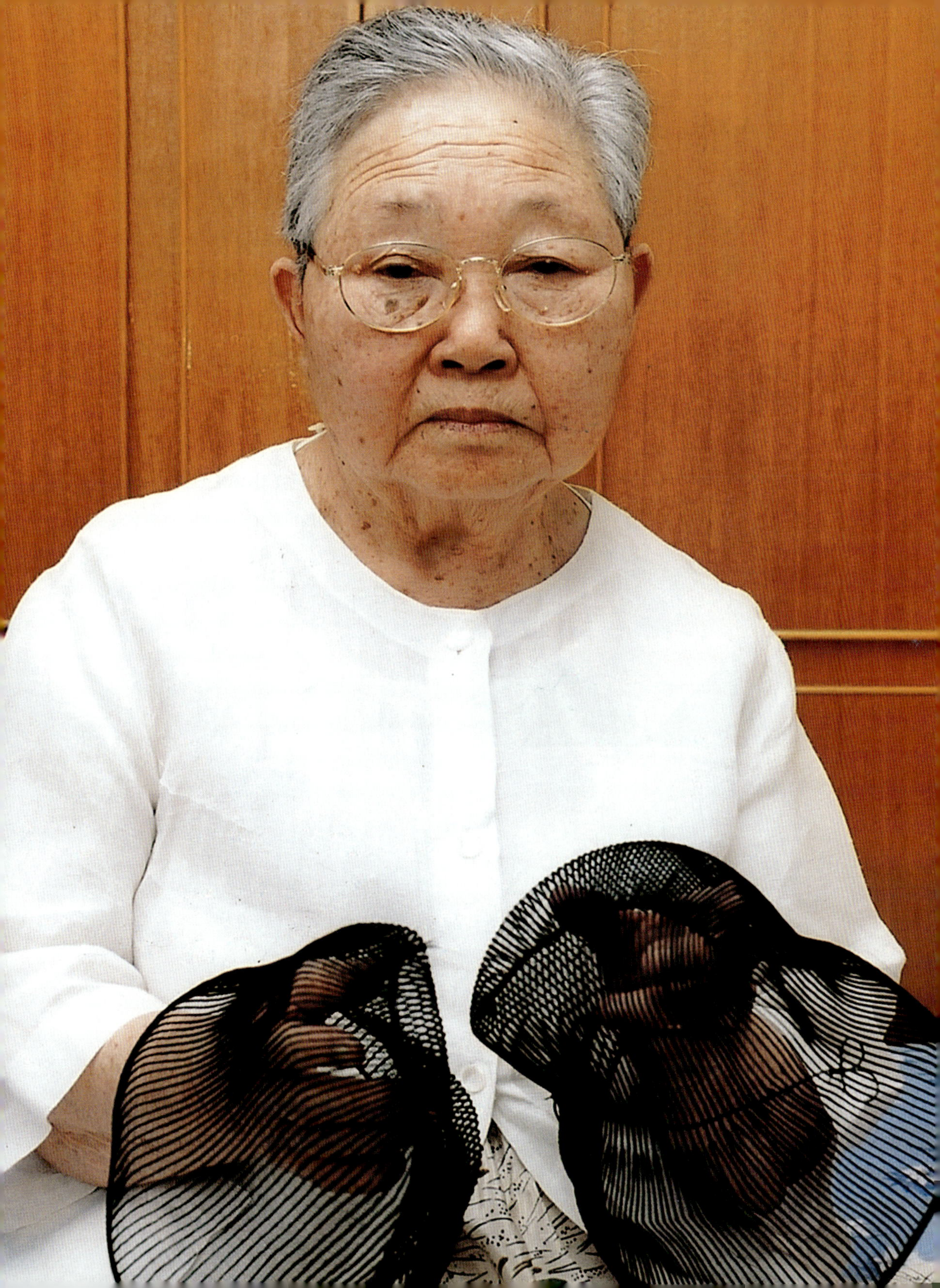

김순자 사진

탕건장 김공춘 할머니 대를 잇는 김혜정 씨가 정자관을 겯고 있다.

"요새 아이덜(아이들)이 학교 뎅기는(다니는) 것치룩(것처럼), 난 평생 탕건만 몿이멍(짜면서) 살앗주. 내가 두린(어렸을) 때는 내 또래의 아이덜은 거의 일청(탕근청)에 나가 탕건을 몿앗주. 일청에 가지 아년(않는) 여자덜은 빙신(병신) 취급 받앗어. 헤지근허게(희미하게) 날이 붉으민(밝으면) 일청에 나가 일허당 조반 · 점심 · 즈냑(저녁) 먹으레 집에 오는 일 말고는 날이 어두울 때꾸지 일을 헷주. 밤일 헐 때도 많앗고(많았지). 어른덜은 아이덜안티(아이들에겐) 종애(다리) 페우게(펴게) 노는 시간도 주엇어. 또래끼리 얘기도 허곡, 심벡(경쟁)허멍 일허렌 어른광 아이가 일하는 청이 달랏주(달랐지)."

좀녀 물질보다는 양반 일

할머니는 탕근(탕건) 청에 나갈 때는 곱게 단장해 또래들이랑 재미있게 일했다고 회고한다.

"아이덜이 탕건 일에 싫증내민 어른덜은 동이나 서에 시집보내키엔(시집보내겠다고) 헤낫어. '탕건 안 허영 좀녀질이영 테우리 허영 살차(살겠

탕건청에 모여 탕건 겯는 여인들.
홍정표 사진. 《사진으로 엮는 20세기 제주시》에서 재인용

느냐)?' 고 헷지. 좀녀질(물질)이나 몰테우리 같은 박허고 궂인일을 허멍 살겟냐는 뜻이지. 내 나이 또래 화북 사름덜은 좀수일을 못헤. 탕근 뭊이당 보난 좀수일 배울 일이 엇엇주(없었어). 그때 화북에서 좀수일 허는 사름덜은 다른 곳에서 이사오거나, 시집온 사름이랏주(사람이었지)."

할머니는 한창 일했던 열다섯 살에서 스무 살까지는 사흘에 하나 꼴로 탕건(엉긴 탕건)을 결었다 한다. '좀진 홑탕건' 와 '겹탕건' 은 좀 더 시일이 걸렸다. 완성된 탕건은 제주시 관덕정 마당에 섰던 오일장에 내다 팔았다. 그렇게 얻은 수입은 집안 용돈으로도 쓰고, 쌀도 받아다 먹었다고 한다. 할머니 말에 의

탕건 결을 때 말총은 물에 담가 사용한다. 부현일 사진

박영대의 《우리 그림 백가지》에서 발췌

1911년 채용신이 그린 정자관을 쓰고 있는 매천 황현 초상.

하면, 당시 오일장은 굉장했다. 탕건과 양태장이 줄지어 있었고, 나무장사, 쌀장사, 생선장사가 빈틈없이 들어차 있었다.

할머니는 탕건 외에도 정자관(程子冠)을 결었다. 정자관은 평상시 선비들이 집 안에서 썼던 관으로 '대감'의 상징물이다. 할머니는 또 말총으로 브래지어와 장식물 등 심심풀이 공예품도 결었다.

"말총으로 짠 브래지어로 전승공예대전에서 상을 마튼(받은) 적이 잇어. 목쉬신디(목수한테) 브래지어꼴을 멘들아 ᄃᆞ렌(만들어 달라고) 주문헷는디 그대로 멘들아다(만들어다) 주는 거라. 목쉬덜은(목수들은) 바농질와치(바느질꾼)나 마찬가지로 생각헌 건(것은) ᄆᆞᆫ(다) 멘들아 내어(만들어 냈어)."

할머니는 탕건이 '세월없을 때'(판로가 없을 때)는 장사를 하였다. 마늘 장사, 귤 장사, 양파 장사를 위해 제주시로, 서귀포로, 고산으로 돌아다니면서 장사를 하면서도 저녁에는 주문 받은 탕건과 정자관을 결었다. '젊었을 적 파롱파롱 돌아다닐 때'는 아프리라곤 생각지도 못했다는 김공춘 할머니는 "이젠 마비된 다리가 하루가 달라. 이제는 똘(딸)과 웨손녀(외손녀)가 내 뒤를 이어갈 거야."라며 긴 한숨을 몰아쉬었다.

할머니의 건강 문제로 대외적인 일은 거의 할머니의 대를 잇는 막내딸 김혜정 씨가 맡아 한다. 김혜정 씨는 초등학교 때부터 어머니한테 곁눈으로 탕건 일을 배워 이제는 조교로 탕건장의 맥을 잇고 있다. "어머니의 맥을 이어야 한다는 부담감으로 그만두고 싶어도 그렇지 못하고 있다."는 김혜정 씨의 하소연에 귀 기울여 볼 일이다.

탕건 결을 때 탕건꼴을 올려놓는 쳇더귀. 부현일 사진

"탕건 겯는 일을 모르는 사람들은 무형문화재라고 하면 명예로 알지요. 그렇지만 명예만 갖고는 생활을 할 수 없습니다. 먹고 사는 데 문제가 없어야 탕건 일을 배우려고 하고, 맥도 이어나갈 수 있지요. 저야 어머니께서 하던 일이어서 하지만 젊은 사람들은 누가 배우려고 하겠어요. 문화재청에서는 상품화해서 벌어먹고 살라고 하지만 탕건의 상품화가 어디 가당키나 한가요. 말총은 조금만 소홀히 다뤄도 끊어지는데…."

김혜정 씨는 "다행히 딸이 탕건을 배우겠다고 해 당분간은 어머니의 혼이 밴 탕건의 명맥을 이어나갈 수 있을 것 같다."며 한숨지었다. 김 씨의 넋두리야말로 바로 우리 무형문화재의 현주소가 아닐까.

(2001. 7. 20.)

● 탕건 도구와 겯는 법

탕건은 갓 아래에 받쳐 쓰던 관(冠)의 한가지이다. 탕건은 제주시 화북동과 조천읍 조천리와 신촌 · 신흥리 지역에서 여성들의 부업으로 성행했던 관모 공예다.

탕건꼴

부현일 사진

탕건은 총모자와 망건과 마찬가지로 말총을 재료로 한다. 말총을 깨끗이 빨아 손질한 후, 검정 염색약으로 물을 들인다. 염색한 말총을 잘 말린 후 검정물이 빠지지 않을 때까지 여러 번 헹군 후 말린다.

예전에는 탕건을 결은 후에 장사치들이 먹물 작업을 했는데 요즘은 말총 채 염색약을 이용하여 검게 물을 들인다.

말총

탕건은 '쳇데기' (쳇덕귀) 위에 헌 중절모자를 뒤집어 그 안에 '탕건꼴' 을 넣고 탕건 바늘로 한 코 한 코 짜 나간다. 탕건꼴에는 160개의 골이 나 있는데 그 곳에 말총을 꽂아 '줄머리' 를 만든 후 아래로부터 한 줄 한 줄 결어 간다. 탕건을 결을 때는 말총을 물에 담갔다 사용한다. 무늬가 가로 한 줄로 된 것은 '홑탕건' , 무늬가 사선인 것은 '겹탕건' , 무늬가 네모난 것은 '바둑탕건' 이라 부른다.

탕건을 겯는 작업은 아래에서부터 1차 결어 가는 과정과 각 날줄마다 말총 서너 가닥씩 지르면서 감치는 '서이는' 과정으로 나눈다. 탕건을 마무리하는 일을 '구갑' 이라고 한다. 구갑 전에는 '장낭놋' 이라는 노끈으로 잘라 묶은 후 탕건 모양이 유지될 수 있도록 약 30분 정도 삶는다. 마지막으로 '무작단추' (매듭단추)를 만들어 달고 나비 리본을 양쪽으로 장식한다.

탕건은 제주시 화북동과 조천읍 조천 · 신흥리 지역에서 여성들의 부업으로 성행하였다.

《만농 홍정표 선생 사진집 - 제주사람들의 삶》에서 재인용

정동벌립장

홍달표 씨

정동벌립은 남자들의 부업

가을 하늘이 짙푸른 날, 제주도 북제주군 한림읍 귀덕리 '잣질동네'(성로동) 사람들은 몇 해 전까지만 해도 제주의 산야를 누비며 '정동'(댕댕이덩굴)을 걷었다. '정동벌립'을 짤 재료를 준비하기 위해서다.

'정동벌립'은 댕댕이덩굴, 즉 '정동'으로 짠 벙거지를 말한다. 북제주군 한림읍 귀덕리 잣질동네 남자들이 부업 삼아 짰던 생활 공예품이다. '정동줄'을 이용해 맨 손으로 벌립을 만들어내는 장인들의 손

길에는 자연에 순응하고, 자연을 잘 이용했던 조상들의 삶의 지혜가 오롯이 녹아 있다.

제주도는 지난 1986년 4월 이 마을 홍만년(1999년 2월 작고) 할아버지를 제주도무형문화재 제8호 정동벌립장으로 지정했다. 홍만년 옹이 세상을 떠나자 5촌 조카인 홍달표 씨(1931년 생)가 기능 보유자로 지정(2000년 8월 1일자)되어 잣질동네 사람들의 삶의 숨결을 이어가고 있다.

홍 씨의 6촌 제수인 송월순(1952년 생) 씨가 조교로, 6촌 여동생 홍양숙(1961년 생) 씨가 전수생으로 대를 이어 정동벌립을 짜고 있다.

공무원 생활을 했던 홍달표 씨는 할아버지·아버지를 이어 정동벌립의 맥을 잇고 있다. 마흔다섯 살에 시작했으니 벌써 만 25년째다. 조교 송월순 씨는 지난 1977년 귀덕리로 시집와서 24년째 정동벌립을 겯고 있고, 홍양숙 씨는 스무살부터 20년째 정동줄을 생명처럼 붙잡고 있다. 원래 남자들이 짰던 정동벌립을 지금은 여성들이 전승하고 있는 셈이다.

정동벌립의 재료인 댕댕이덩굴.

"성로동은 '잣질'(잣길·성위의 길)로 다닌다는 이름에서 붙여진 한자 지명이라. 성로동에는 60여 세대가 살고 잇엇는데 약 50호 정도가 정동 모자를 짯주. 때문에 멧(몇) 해 전까지만 허여도 9~10월이면 해마다 도시락을

← 정동벌립을 짜고 있는 홍달표 씨. 강정효 사진

싸고 정동을 걷으러 산으로, 들로 다녓지. 정동을 걷으러 나갈 때는 약 20~30명씩 나갓주. 한번은 금악리 이시돌 목장으로 정동줄을 걷으러 갓는데 정동줄을 걷당(걷다) 보난 산방산끄지 가버린 거라. 동쪽으로는 대천동까지 정동줄 걷으러 뎅겻지. 키보다 훨씬 큰 억새풀 틈으로 혼 줄씩 벋어(뻗어) 있는 정동줄을 긁어모으는데, 이를 두고 '정동줄 걷는다'고 허주. 정동 걷으레 갓당(갔다가) 베염(뱀)을 만낭 혼쫄난 적도 하고(많고), 목말라 밧(밭) 에염(구석)에 궤여(고여) 이신(있는) 물을 업더정(엎드려) 마신 적도 싯곡. 지금 생각허민 아찔헌 일이라. 엿날(옛날) 할아바지덜은 남제주군 안덕면 서광리 '남송이오름'으로 정동줄을 걷으러 하영 다녓덴덜(다녔다고) 허여."

정동벌립의 맥을 잇고 있는 이들은 정동벌립 짜는 것 못지않게 재료 장만이 힘들다고 한다. 들판을 헤매며 정동줄을 걷어 와야 하고, 걷어온 정동줄은 곱게 단장하고 밤이슬에 바래는 등 많은 공력이 필요하기 때문이다.

손에 박힌 굳은살 정동벌립장 징표

정동은 보통 '촐'(꼴) 베기 전인 9~10월에 가장 많이 걷었는데 7월에 걷는 사람들도 있었다. 걷어온 정동은 물에 담갔다(겨울에 1~2일, 여름에는 서너 시간)가 건져 내어 한 쪽으로 잡아 훑으면 잎사귀가 붙었던 눈과 털이 말끔하게 손질된다. 손질 후에 굵기 별로 분류하여 굵은 것은 '날'로 쓰고, 중간 것은 '차양', 가장 가는 것으로는 '망'을 짰다. 가는 정동으로 짠 벌립을 상품으로 친다.

정동벌립은 정동에 물을 뿌려가며 짜야 촉촉하니 잘 짜진다. 정동벌립은 거의 손을 이용해 짜기 때문에 손가락에 멍이 들고, 굳은살이 박힐 것을 각오해야 한다. 홍 씨 손에 박혀 있는 굳은살은 정동벌립장의 징표인지 모른다.

《만농 홍정표 선생 사진집 - 제주사람들의 삶》에서 재인용

도롱이 입은 목동이 정동벌립을 쓰고 소를 지켜보고 있다.

"완성하는 데 열흘 정도 걸리니까 정동벌립을 짜는 일은 시간과의 싸움이라고 할 수 있지요. 천(차양) 짤 때는 한 도리(한바퀴) 짜는 데 3시간 정도 걸립니다. 한 도리 돌려면 날대가 300개 이상 필요합니다. 그래도 완성품만 생각하다 보면 어느 새 내 자신이 정동 짜는 일에 빨려 들어가고 있는 것을 발견합니다. 기분이 좋을 때는 모자가 예쁘게 나오고, 그렇지 않을 때는 울퉁불퉁 불량품이 나와요."

오빠와 올케 못지않게 정동벌립 짜는 일을 좋아하는 홍양숙 씨. "정동벌립 짜는 것도 힘들지만 재료 구하기가 더 힘든 것 같아요. 산과 들녘에 자생하는 정동줄이 도로 공사와 개간 등으로 사라져가는 게 가슴이 아파요."라며 전수생답게 한마디 거들었다.

정동벌립 맥을 잇는 홍달표 씨와 송월순(왼쪽)·홍양숙 씨.
강정효 사진

홍양숙 씨는 또 "가족이 함께 정동줄을 이용해 만든 공예품—정동벌립·모자·바구니·가방·주전자 등 100여 종 전시품—을 한 곳에 모을 수 있는 전시 공간을 만드는 일이 꿈"이라고 덧붙였다.

정동 모자의 맥을 잇고 있는 잣질동네 사람들은 아직도 정동줄을 이용하여 부업으로 파나마모자를 짜서 파는 사람이 있다고 한다. 한창일 때는 농협에서 수매도 할 정도였다고 하는데 지금은 몇몇 가정에서만 부업으로 정동 모자를 짜고 있다. 더구나 정동벌립을 짤 수 있는 사람은 홍 씨 가족 외에는 없다고 하니, 그 맥이 끊길까 우려되지 않을 수 없다.

(2001. 10. 12.)

● 테우리모자, '정동벌립' 어떻게 결을까?

조선시대 제주의 진상 품목에 전모(氈帽)라는 것이 있었다. 전모는 봄이 되면 털갈이하는 소나 말의 털을 모아서 콩풀에 섞어 갓 모양으로 눌러서 만든 모자를 말한다. '정동벌립' 은 바로 전모를 본떠서 '정동줄'(댕댕이덩굴)로 짠 모자를 말한다.

고증이 된 것은 아니지만, 정동(정당)벌립은 고려시대부터 사용해 왔다고 전해진다. 댕댕이덩굴을 이용하여 손으로 촘촘하게 짠 정동벌립은 빗물이 스며들지 않아 마소를 돌보는 '테우리' 들이 즐겨 썼다고 한다. 또 차양이 넓어 뜨거운 햇볕으로부터 보호해 줄 뿐 아니라 덤불을 헤쳐 나갈 때는 방패막이 역할도 해 산 속을 헤매야 하는 테우리들에게는 제격이었다. 만농 홍정표 선생이 남긴 새로 만든 우장을 입고 정동벌립을 쓴 목동 사진이 이를 잘 증명해 주고 있다. 1901년 제주민란을 소재로 한 박광수 감독의 영화 〈이재수의 란〉에서 주연 영화배우 이정재가 썼던 모자가 바로 정동벌립이다.

정동벌립은 날줄 2개(2갑짜기)로 '가마귀방석' 을 열 줄 정도 짠 후 날대를 늘리면서 정동줄 3줄(3갑짜기)로 망을 짜 나간다. 망과 천(차양)을 이어주는 곳을 정동줄 4줄(4갑짜기)로 5~6줄 튼튼히 짠 후에 날대를 꽂아가며 천을 3갑짜기로 짜 나간다. 마무리는 4갑짜기로 한다. 망은 보통 약 12cm, 천은 약 15cm 크기로 짜는데 머리 크기에 따라 모자 크기가 달라진다. 모자가 완성되면 무명실을 꼬아 끈을 만들어 단다.

정동벌립은 책상 같은 '바대' 위에 놓고 짠다. 기본 용구로는 짜놓은 것을 곱게 다져주는 '다으개', 날줄 꽂을 때 구멍을 내는 '송곳', 정동줄을 자르는 '칼', 마무리용 '집게', '자' 등이 필요하다.

정동줄.

강정효 사진

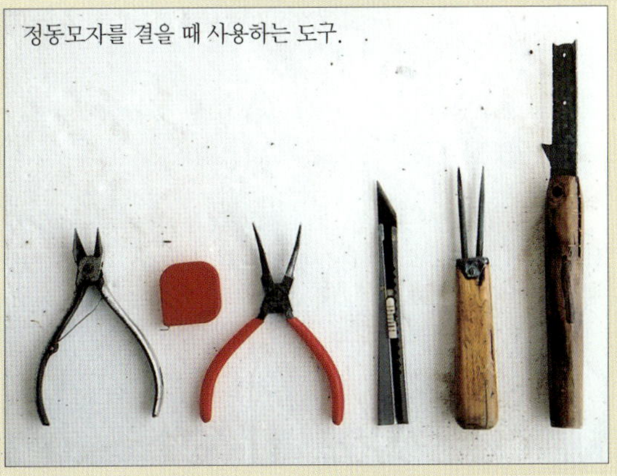
정동모자를 결을 때 사용하는 도구.

정동벌립.

《제주의 삶, 제주의 아름다움》에서 발췌

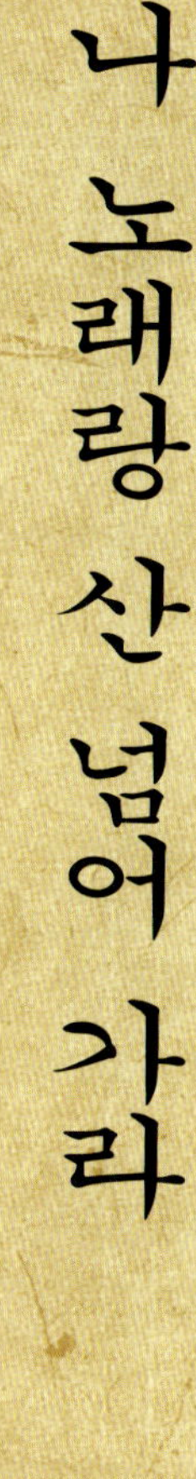

안도인 - 해녀 노래 예능 보유자

강원호 - 방앗돌 굴리는 노래 예능 보유자

김경성 - 멸치 후리는 노래 예능 보유자

이선옥 - 제주 민요 예능 보유자 후보

해녀 노래 예능 보유자

안도인 할머니

제주 여성들은 두 가지 밭을 일구며 살았다. 조와 콩 등 농작물을 일구는 '뭍의 밭'과 소라와 전복 · 미역 등을 따는 '바다 밭'이 그것이다. '바다 밭'은 고기를 낚는 어부들의 몫이기도 하지만 대부분은 바다 속에서 무자맥질하며 해산물을 캐던 잠녀들의 차지였다. 잠녀들의 '바다 밭'은 제주 섬 땅에 국한되지 않았다. 제주 잠녀들은 바다가 있는 곳이면 어디든 달려갔다. 통영 · 포항 · 안면도 · 거제도 · 강원도 · 청진……. 멀게는 일본과 블라디보스토크까지. 제주 잠녀들은 모진 가난을 이기기 위해 '돈벌이' 하러 노를 저어 '난바르'(먼 바다)로 물질을 나간 것이다.

이여싸나 이여싸

요넬젓고 어딜가리

진도바당 혼골로가민

혼착손에 비창쥐곡

혼착손에 테왁쥐영

혼질두질 들어가보난

저승도가 분멩ᄒᆞ다

이여차라 이여차라

쳐라쳐라 이여도싸나

— 〈해녀 노래〉 중에서

제주 잠녀들은 배를 타고 네를 저어 대마도 · 울산 · 원산 등 국내외로 출가물질을 다녔다. 《사진으로 엮는 20세기 제주시》에서 재인용

76살에 〈해녀 노래〉 예능보유자

제주도무형문화재 제1호 〈해녀 노래〉는 제주 잠녀들이 먼 바다로 나가면서 불렀던 '뱃노래'이다. '이여싸나'로 시작되는 〈해녀 노래〉는 지난 1971년 제주도무형문화재 제1호로 지정, 전승되고 있다. 북제주군 김녕리 정순덕 할머니(작고)에 이어 2000년 8월 북제주군 구좌읍 행원리 안도인 할머니(1924년 생)가 76살의 늦은 나이에 예능보유자로 지정되었다.

안도인 할머니는 이 마을 김영자(1938년 생) · 강등자(1938년 생) 씨와 함께 행원리민속보존회(1992년 12월 30일 〈해녀 노래〉 보유 단체 지정)를 이끌며 8년 동안 '이여싸나'로 불리는 〈해녀 노래〉와 제주의 노동요의 명맥을 잇고 있다.

제주 잠녀*들은 가까운 바다에 물질 갈 때도 '이여싸나' 하고 〈해녀 노래〉를 불렀지만, 대개는 목선을 타고 먼 바다로 물질 나갈 때 잠녀와 선주 3~4명이 노를 저으며 이 노래를 불렀다.

* 필자는 '해녀' 대신 '잠녀'를 쓰고 있다. '잠수'를 고집하는 사람들도 있지만 문헌 기록을 보나 잠녀의 어원을 따져보나 '잠수'보다는 '잠녀'로 부르는 것이 더 타당하게 보이기 때문이다. 널리 쓰이고 있는 '해녀'는 일제강점기 이후에 활발하게 쓰이는 용어여서 지양하고 있고, 신문 연재 때 '해녀'나 '잠수'로 썼던 용어는 문화재명과 같은 고유명사를 제외하곤 모두 '잠녀'로 고쳐 썼다.

이여싸나 이여싸나
요넬젓고 어딜가리
진도나바당 항구로나게
요네착을 심어사민
어신설움 절로나네

이여싸나 이여싸나

ᄒᆞᆫ착손엔 테왁심엉
ᄒᆞᆫ착손엔 비창심엉
ᄒᆞᆫ질두질 저승길에
저승건당 만리나강산

돈아돈아 말모른돈아
개도쉐도 밥먹는돈아
창고망도 흙불르는돈아
요네가 돈이로구나

— 〈해녀 노래〉 중에서

뭍과 바다를 넘나들며 고단한 삶을 꾸렸던 제주 여성의 표상인 잠녀, 안도인 할머니가 내어지르는 '이여싸나' · '어기여차라' 노랫말 속에는 목숨 걸고 '바다 밭'을 누볐던 제주 잠녀들의 애환이 가득 서려 있다.

열여덟 살부터 바깥물질

안도인 할머니는 열여섯 살에 물질을 시작하였다. '두렁박'을 짚어 '갯ᄀᆞᆺ'(바닷가) 물질을 하였던 안 할머니가 타향 만리 배를 타고 '바깥물질'(出稼) 나간 것은 열여덟 살 때이다. 선주였던 아버지께 물질 가겠다고 여쭈었더니 "애기나 돌라(아기나 돌봐라)." 면서 못 가게

막았다고 한다. 그러나 안 할머니는 동네 벗하고 아버지가 다니지 않은 다른 지역으로 배 물질을 나갔다고 했다. 그때부터 안 할머니는 본격적으로 타지로 물질을 다녔다. 바깥물질을 한번 나가면 5~6개월은 보통 살다 왔다. 직접 배를 빌려 잠녀들을 모집하여 물질을 나가기도 하였다. 울산 · 통영 · 전라도 · 거제도 · 구룡포 · 강원도, 섬이 있는 바다는 거의 할머니의 바다 밭이었다.

열아홉 살에 시집 온 할머니는 스물세 살 청춘에, 3대 독자인 남편을 4 · 3사건의 소용돌이를 피해 일본으로 도피시킨 후, 홀로 시어머니를 모시고 산 게 평생 '산 과부' 신세를 면치 못하였다. 지금은 남편하고 연락을 하면서 살고 있다. "살아지난 살앗주게." 라는 할머니의 긴 한숨 속에선 열 길 물 속에서 자맥질하다 물 위로 떠올라 내쉬는 잠녀들의 '호오이~' 하는 '숨비소리' 마냥 고단함을 읽을 수 있었다.

"4 · 3사건으로 아덜 하나, 똘 하나 남겨두고 남편과 헤어젓어. 제주 지역의 인물바치(인물이 출중한 사람)들은 다 4 · 3사건 때 이유 없이 죽엇지. 총소리에 탁탁 털당 보난(떨다 보니), 우리 동네에서도 공회당에서 스물 인 둡(스물여덟) 명이나 영문도 모르게 죽엇지. 나영 갑장 남자들도 여럿 죽엇어."

할머니의 삶은 4 · 3사건에다, '숭년'(흉년)까지 겹쳐 말이 아니었다 한다. 할머니의 삶은 곧 당시 제주도 전반의 상황이기도 하였다.

안도인 할머니. 강정효 사진 ➔

안도인 할머니와 〈해녀 노래〉의 맥을 잇고 있는 김영자(가운데) · 강등자 씨. 강정효 사진

"톨(톳) 매당 ᄉᆞᆱ앙(삶아) 물에 담갓다가 보리쏠 서꼉(섞어) 밥해 먹곡, ᄑᆞ래(파래) 뜯어다 발랏다가 보릿ᄀᆞ를(보리가루) 넣어 쩌서 먹곡, 등애(보릿겨 가루)를 꾹꾹 줴영(쥐어) ᄌᆞ배기(수제비) 행 먹곡(해서 먹고), 뭇(무릇)도 해당 ᄉᆞᆺ(솥)에 ᄉᆞᆱ앙 먹곡."

그때부터 할머니는 평생을 바다를 벗 삼아 살았다. 물질 나갔다가 굶주린 아이 넷(아들 2 · 딸 2)을 데려다 자신의 젖을 먹이며 키웠으니 할머니가 난 자식과 합쳐 6남매를 키웠다. 물질 나갔다가 데려온 딸 하나는 물질 나갔다 잃어버렸는데, 딸을 앞세운 게 아직도 할머니의 가슴을 미어지게 한다. 50년 넘게 물질을 해온 할머니는 "머정이(재수가) 좋아 전복이영 소라영 하영(많이) 잡아 아이덜(아이들)을 큰 탈 어시(없이) 키울 수 잇엇수다(있었다)." 고 말한다.

강정효 사진

안도인 할머니가 사용했던 골겡이.

'이여싸나'는 제주 잠녀들의 '한풀이'

제주 섬 밖으로 나가는 배 물질은 보통 15~20명씩 팀을 짜서 다녔다. 배 물질을 나갈 때는 열두어 척의 목선들이 한꺼번에 경쟁하듯 '이여싸나' 하고 〈해녀 노래〉를 부르면서 노를 저어 나갔다. 목선에 탄 잠녀들은 좋은 '바당'(바다)을 차지하기 위해 손이 부르트도록 '이여싸나'를 불렀다.

"힘치러(헤엄치러, 물질하러) 다니면서 '이여도싸나' 하고 물질노래를 부르당 보믄 가심(가슴)에 꽂힌(맺힌) 게 다 나와. 돈 못 벌엉 서러웡 울곡, 어멍 튼내(기억해) 울고, '난바리'(먼 바다) 가 태풍 만나 오도 가도 못해 울곡 허면서 손이 부르트도록 '이여싸나'를 불럿주. 물질 노래를 부르면서 가슴에 꽂힌(맺힌) 간장 다 풀어내엇어."

이렇듯 '이여싸나'는 제주 잠녀들이 먼 바다로 물질을 나가면서 불렀던 한풀이이자 신세타령이다. 동시에, 힘든 노동의 시름을 이기기 위해 불렀던 공동체의 노래였던 셈이다.

안도인 할머니*는 3년 전에, 30~40대 한창 나이에 담을 넘다 다친 오른쪽 다리가 관절염으로 돌아 50년 넘게 한 물질을 그만두었다. 물질하면서 죽을 고비도 여러 번 넘겼다는 안도인 할머니. "'이여싸나'를 부르면서 시원한 바당물(바닷물)에 몸이라도 담갔으면 좋으크라(좋겠어). 지금도 눈앞에 전복이영 보말(고둥)이영 훤허게(훤하게) 돌아져(달려) 싯주(있지)." 하며 바다에 대한 미련을 버리지 못한다.

* 평생을 바다 일을 하면서 〈해녀 노래〉를 불렀던 안도인 할머니. 양어장으로 행원리 바닷가가 죽어가는 것을 안타까워하던 안도인 할머니는 2004년 5월 24일 이승에서의 고단한 삶을 마감하고, 영면하였다. 할머니의 뒤를 이어 조교였던 강등자 · 김영자 씨가 2005년 3월 30일 예능 보유자로 지정되어 제주 잠녀들이 불렀던 〈해녀 노래〉를 전승하고 있다.

그래서일까. 할머니는 요즘 걱정거리가 하나 늘었다.

"요즘 행원 바당(바다)에 양어장이 들어사부난 바당이 오염뒈어(되어) 우미(우뭇가사리)도 사라지고, 성게도 해뜩해뜩 갈라지고, 보말(고둥)도 갈라져 바당이 다 죽어부럿어."

바다만 믿고 살아온 잠녀들이 다 죽게 되었다는 것이다.

취재가 거의 끝나갈 무렵, 〈해녀 노래〉 전수 조교인 행원리민속보존회 김영자 · 강등자 씨가 밭일을 끝내고 들렀다며 할머니를 찾아왔다. 김영자 · 강등자 씨는 노래와 춤, 장고 등 행원에서 할머니를 따라갈 사람이 없다고 추어올린다. 그들은 할머니와 함께 즉석에서 〈해녀 노래〉와 〈낫질허는 소리〉, 〈석콜방애 소리〉, 〈밭불리는 소리〉, 〈마당질 소리〉, 〈ᄀ레ᄀ는 소리〉 등 제주 노동요를 구성지게 불러 행원리민속보존회의 자존을 한껏 드러내 보여주었다.

"지난 세월을 어떵(어떻게) 살아져신고(살았는지). 아직도 누우면 줄 타령이 절로 남서."라는 안도인 할머니. 취재를 마치고 일어서는데 "지금꺼정(까지) 살당보난(살다보니) 노래를 불렁(불러) 이름 남기는 보람이 싯주."라고 하면서도 "요즘 젊은이들은 노래 배우렌 허민(배우라고 하면) 세(혀) 안 돌아간다고 배우려고 허지 아녀(않아)."라고 긴 한숨을 몰아쉬었다.

홍정표 사진. 《사진으로 엮는 20세기 제주시》에서 재인용

해안마을에 사는 제주 잠녀들은 열 길 물속을 마다않고 미역과 전복·소라를 따러 겨울철에도 물질을 나가야 했다. 미역 따고 뭍으로 나오는 잠녀들.

안도인 할머니는 밭일을 끝내고 찾아온 보존회원들에게 "〈해녀 노래〉를 틀리게 부르는 곳이 셔. 시간 날 때마다 집에 와서 열심히 노래를 배워."하며 다독여 주었다. 평생을 불러온 〈해녀 노래〉를 이어주기 위해 후배들을 격려하고 채찍질하는 할머니의 모습이 어쩜 그리도 아름다워 보일까.

(2001. 8. 31.)

방앗돌 굴리는 노래 예능 보유자

활등같은 오우~

쌀대같이 에~

날아든다

– 〈방앗돌 굴리는 노래〉 중에서

제주도무형문화재 제9호 〈방앗돌 굴리는 노래〉 예능 보유자 강원호 할아버지(1926년 생 · 제주도 남제주군 안덕면 덕수리)는 타고난 소리꾼이다.

슬하에 4남 1녀를 두고 6년 전에 아내를 여의고 홀로 사는 강원호 할아버지는 칠순 중반의 나이에도 집안에 노래방 기기를 들여다 놓고 살 정도로 풍류를 즐길 줄 안다. 이 마을 허승옥 할아버지(1986년 4월 10일 작고)에 이어 1994년 9월 30일자로 〈방앗돌 굴리는 노래〉 예능 보유자가 된 강원호 할아버지는 매년 가을이면 어김없이 옛 선인들이 불렀던 〈방앗돌 굴리는 노래〉를 구성지게 들려준다.

열일곱부터 〈사대소리〉 불러

지난 1980년부터 남제주군 안덕면 덕수리 주민들과 함께 공식적인 자리에서 〈방앗돌 굴리는 노래〉를 부르고 있는 강 할아버지는 농사꾼이다. 보리와 조 · 산듸(밭벼) · 메밀 · 콩 등 온갖 농사를 지며 농사일을 몸에 지고 살았던 할아버지는 "4 · 3사건 전까지만 해도 덕수리 지역에서는 검질(김) 매는 〈사대 소리〉와 밧(밭)가는 〈홍애기 소리〉가 끊이지 않앗주." 라며 깊은 생각에 잠겼다.

"열일곱 · 열ᄋᆞ답 술부터 검질 매는 〈사대 소리〉를 불럿주. 당시 덕수리에서는 주민끼리 열다섯에서 스무 명씩 수눌엉(품앗이) 일을 햇는데 노랠 하영 불럿어. 노래는 주로 오전 열 한 시부터 시작헹 날이 어둑도록(어둡도록) 계속되엇지. 〈사대 소리〉를 부르믄(부르면) 일이 남는 법이 엇어(없어). 검질 맬 때는 〈사대 소리〉, 밧(밭) 갈 땐 〈홍애기 소리〉를 불럿는디 확실히

방앗돌 굴리는 노래 예능보유자
강원호 할아버지. 부현일 사진

일에 능률이 시어. 저물어 가믄 〈사대 소리〉가 이 밧(밭) 저 밧(밭)듸서 심벡허듯(경쟁하듯) 흘러 나왓주."

남제주군 안덕면 덕수리는 여름에는 조 · 밭벼 · 메밀 농사를 했고, 겨울에는 보리 농사를 지었다. 밭을 갈고 생계를 꾸려나갔기 때문에 남녀노소 가리지 않고 밭일을 하였다. 인근 사계리는 땅이 기름진 '모전'이어서 '검질'(김)이 많지 않았지만, 덕수리는 토질이 좋지 않은 '박전'이어서 검질이 많아 검질 매는 기간이 40일 이상 계속될 때도 있었다고 한다.

"좋은 밧은 번헷당(애벌 갈이 했다가) 좁씨 삐믄(뿌리면) 검질이 나지 않는데 박헌(박한) 밧은 번허지 않기 때문에 검질이 하영(많이) 짓엉(깃어) 그만큼 일손이 필요헷주. 초불 검질, 두불 검질, 싀불 검질 매면서 〈사대 소리〉 하영 불럿주. 〈홍애기 소리〉는 청이 좋으민 꿩이 울엇다고 헤. 부인들은 밧가는(밭가는) 소릴 들으멍(들으면서) 남편이 일허러 간 밧을 춪아갓다(찾아갔다)는 이야기도 시어(있어)."

홍정표 사진, 《제주 100년》에서 발췌

4 · 3사건 이전만 해도 제주의 농촌에서는 〈사대소리〉가 검질 맬 때 끊이지 않았다. 길게 앉아 수눌며 검질 매는 모습.

〈사대 소리〉 사라지자 공동체도 무너져

어기여랑 사 ~ 대야
검질짓고 골늘어진밧에
집의들민 정ᄀ레소리
물에들민 숨비소리

— 〈ᄍ른 사대〉 중에서

이렇게 불렸던 〈사대 소리〉는 4 · 3사건 이후에는 자취를 감췄다.

매년 10월 안덕면 덕수리에서는 방앗돌 굴리는 노래 재현 행사가 열린다. 《제주의 문화재》에서 재인용

〈사대 소리〉가 사라지면서 '수눌멍'(품앗이하면서) 일하던 제주의 공동체도 무너져 내렸다. 노동요를 불렀던 옛 정취도 온데간데없이 사라진 것이다.

〈방앗돌 굴리는 소리〉도 마찬가지다. 1950년 전까지만 해도 제주의 마을마다에는 '몰방에'(연자매)가 있었지만 정미소가 들어서면서 〈방앗돌 굴리는 소리〉와 〈ㄱ레ㄱ는 소리〉가 사라졌고, '몰방에'도 자취를 감춰버렸다. 방앗돌은 지금 4-H를 알리는 표지판이나 '있는 집'의 정원석, 울담 밑돌 등으로 둔갑한 지 오래다.

"〈방앗돌 굴리는 소리〉는 장(장사) 날 때 불럿던 〈진토 소리〉와 흙 나르는 〈솔깃 소리〉 등을 어우러지게 해서 부르는 소리주. '어기영차 어기영차' 후렴을 받다 보민 힘이 불끈 솟지. 내창이나(냇가나) 엉장(돌이 많은 돌밭)에 가서 알뱅이돌(알돌)과 웃멧돌(웃돌)을 만들고 굴려왓다는데, 혼번도 본적은 엇어(없어). 광평 위 돌어름팟이라는 곳에 좋은 돌이 많앗다고 허는데 눈이 하고(많고) 좀진 돌이 정ᄀ레로 좋앗다고 헤. 몰방에(연자매)는 다섯 명에서 열명씩 계를 들어서 운영헷고, 계원이 아닌 사름(사람)들은 쿰(삯)을 주엉 몰방에를 이용헷주."

김순자 사진

연자매에 사용되었던 방앗돌이 함덕 포구 인근 도로변 조형물로 둔갑했다.

강원호 할아버지는 또 농사를 짓지 않은 봄·겨울에는 나무를 해다 모슬포 오일장에 내다 팔아 용돈을 썼다고 했다. 해방 후부터 6·25 전쟁 전까지 나무를 해다 팔았다.

"밤 11시쯤에 쉐(소) 구루마(마차) 끗엉(끌고) 한라산으로 낭허레(나무하러) 가민(가면) 날이 붉앙(밝아) 싯곡, 낭 허영 돌아오민 아침이 뒈 이섯주(되어 있었지). 쉐 구루마 어신 사름들은(없는 사람들은) 머리여진오름이나 덕수곶에 가서 삭은 낭 헤당 폴곡 헷주. 모슬포 훈련소 군인 가족덜이 낭을 하영(많이) 사갓주."

평생 농사꾼, 불러보지 않은 노동요 없어

덕수리 주민들이 방앗돌 굴리는 장면을 재현하고 있다.

농사짓고 나무해다 팔면서 생활했다는 강원호 할아버지는 아직까지 덕수리를 떠나 본 적이 없다고 하였다. 젊었을 때는 불미일도 했다. 할아버지는 지금도 2,500평의 과수원에서 감귤 농사를 짓는다. 손수 약도 치고, 귤도 딴다. 큰아들이 바로 앞에 살지만 부담 주기 싫어 홀로 살고 있다.

그래서일까. 강 할아버지는 〈사대 소리〉, 〈홍애기 소리〉, 〈낭 끄치는 소리〉, 〈솔깃 소리〉, 〈불미 소리〉 등 불러보지 않은 노동요가 없다.

'가요무대'를 즐겨보는 강원호 할아버지. 할아버지의 소원은 죽을 때까지 노래를 부르는 것이다. 전수생도 후보자도 없어 할아버지대에 〈방앗돌 굴리는 노래〉가 끊길까 하는 걱정 때문에 밤잠을 설치기도 한다. "술과 담배를 하지 않아선지 아무리 노래를 불러도 물 한 모금이면 그만이라"는 강원호 할아버지의 걱정거리를 덜어줄 대안은 없을까.

(2001. 10. 21.)

● 〈방앗돌 굴리는 노래〉와 연자매

제주도무형문화재 제9호 〈방앗돌 굴리는 노래〉는 1980년 제21회 전국민속예술경연대회에 출연하여 대통령상을 받으면서 전국적으로 알려진 제주 노동요다.

안덕면 덕수리에서 전승되고 있는 〈방앗돌 굴리는 노래〉는 '몰방에', 즉 연자매를 만들 '웃돌'과 '알돌'을 큰 바윗돌이 있는 들이나 산에서 제작한 다음 마을 주민들이 힘을 모아 '어기영차 어기영차' 굴려오면서 부르던 운반 노동요이다.

〈방앗돌 굴리는 노래〉는 1979년 '탐라민속제' 때 이 마을 김시옹 할아버지(작고)가 어렸을 때 기억을 살려 처음 재현한 후 10년 넘게 이 마을 조각공원 앞마당에서 제주도무형문화재 제7호 '불미공예'와 함께 매년 탐라문화제를 전후해 공개 시연회를 갖고 있다.

〈솔깃 소리〉라고도 불리는 이 노래는 안덕면 덕수리 주민들의 단결력을 엿볼 수 있다. 덕수리 불미 마당에는 지금도 '몰ᄀᆞ레왕'(연자매가 있는 집)이 있어 방앗간이 없던 시절, 곡식을 정미하고 곡식을 가루로 빻아 식생활을 해결하였던 제주 사람들의 생활사를 엿보게 한다.

덕수리 조각공원에는 또 마을 주민들이 커다란 '알돌'(원판)을 사다 마을에 있었던 '웃돌'을 얹어 만든 연자매가 놓여 있어 덕수리가 〈방앗돌 굴리는 노래〉의 본고장임을 직·간접적으로 입증해 주고 있다.

연자매는 보통 마을 주민들이 계를 조직해 세웠다. 몰(말)이나 쉐(소)의 힘을 빌려 연자매를 돌리기 때문에 '몰ᄀᆞ레'라는 이름이 붙었다. 덕수리에만 10여 군데의 '몰방에'가 있었다고 전해진다.

부부로 보이는 사람들이 연자매를 돌려 조를 탈곡하고 있다.

《만농 홍정표 선생 사진집 - 제주사람들의 삶》 중에서 재인용

멸치 후리는 노래 예능 보유자

김경성 할머니

멜고리. 그물로 후린 멸치를 나를 때 쓰는 커다란 대구덕이다.
고광민 사진

1986년 예능 보유자 지정, '타고난 소리꾼'

제주도무형문화재 제10호 〈멸치 후리는 노래〉(이하 〈멜 후리는 소리〉로 쓴다.) 예능 보유자 김경성 할머니(1929년 생 · 제주도 북제주군 구좌읍 김녕리).

지난 1986년 4월 10일자로 〈멜 후리는 소리〉 예능 보유자로 지정된 김 할머니는 〈멜 후리는 소리〉뿐 아니라 제주에서 불렀던 노동요는 어떤 소리도 '문짝' (몽땅) 소화해 낼 수 있는 타고난 소리꾼이다.

〈멜 후리는 소리〉 몇 소절을 부탁했더니 김경성 할머니는 흥에 겨

〈멸치 후리는 노래〉 예능보유자 김경성 할머니. 강정효 사진 ➔

한국통신

운지 〈멜 후리는 소리〉 외에도 "월월~", "이여도 사나" 하면서 제주 노동요들을 구성지게 들려주었다.

북제주군 구좌읍 월정리가 고향인 김경성 할머니는 《춘향전》을 입에 달고 다닐 정도로 입담과 소리가 좋은 친정아버지의 '끼'를 물려받았다고 한다.

"두린(어린) 때부터 힘치기(헤엄치기) 헌 게 열 살부텀 물질을 헷주. 눈도 어시(없이) 야픈(얕은) 바당(바다)에서 우미(우뭇가사리) 틑엉(뜯어서) 속곳 허리춤에 쿰으멍(품으면서) 배왓는디(배웠는데) 읏아가니까(말귀를 알아들 정도로 성장하니까) 테왁도 헤주곡, 망사리도 헤주곡, 호미도 쥐어 주곡 헷어. 처음에는 우미 ᄌᆞ물앗는디(뜯었는데) 커가난 줌복(전복), 구젱기(소라), 뭉게(문어)도 잡앗지. 열네 술(살) 뒈니까 어머니가 학교 부쳐사켄(붙여야겠다고) 헹 초등학교에 들어가서. 열일곱 술 뒈니까 어머니가 첫돌난 동싱(동생) 나뒹(두고) 돌아가셔서 그때부텀 학교도 그만두고, 동싱 키우느라 물질도 못헷주."

바닷가 사람들이 다 그렇듯 할머니의 생애는 밭일과 물질을 하는 노동의 연속이었다. 동생이 어느 정도 크니까 아버지께서 할머니의 나이가 들었다면서 스물한 살에 김녕리로 시집보냈다고 한다. '멜 후리는 일'을 하는 집안에서 자란 할머니는 시집 와서도 남편이 멸치잡이 일을 해서 자연히 〈멜 후리는 소리〉에 가까워졌다.

친정은 부자여서 별 어려움 없이 살았다는 김 할머니는 시집와서 모진 고생을 다했다고 한다. 눈이 어두운 홀어머니를 모시고 사는 남

김녕 주민들의 〈멜 후리는 노래〉
재현 장면. 《제주의 문화재》에서 재인용

편과 함께 고기 낚아서 팔고, 밭을 일구면서 힘들게 살았다고 한다.

"시어멍(시어머니)이 '웡이 자랑 웡이 자랑' 허면서 '물에 가민(가면) 썩을 것인가, 불에 가민 카불(탈) 몸인가, 이런 팔자 엇다(없다)'고 신세타령 허멍(하면서) 애기구덕 홍그는(흔드는) 소리를 듣당 보민(보면) 눈물이 쏨박(가득, 글썽) 나올 정도엿어. 남펜(남편)은 머정(재수)이 좋아서 궤기(고기)를 잘 나끄난(낚으니) 그 궤기를 풀멍(팔면서) 살앗주(살았지). 돈 어신 사름들은 보리 정 오곡(져 오고) 해나서. 하도 힘드니까 남펜과 살지 안ᄒ젠(않으려고) 헷지만 놈(남)의 뜨집(트집) 잡을 일을 허지 안 허곡, 술도 안 먹

김녕리 주민들이 멸치를 후렸던
김녕해수욕장. 김순자 사진

곡, 궂은 욕도 안 허곡, 벨 거엔 앙작헤도(투정하고 떼써도) 속솜(조용). 싸움 훈 번 안허멍(안 하면서) 그냥저냥(그럭저럭) 살앗주. 내가 안 살 일이 어신거라(없는 거야). 남펜이 멜 거리는(멸치잡이) 일을 허니까 자연 멜 거리는 일을 허멍 살앗주."

할머니는 남편은 '머정'(재수)이 좋아서 고기를 잘 낚았다고 했다. 동네 사람들이 "한우봉(남편 이름)은 바당(바다)에서 고기 나끄냐? 물항(물항아리)에서 고기 나끈다(낚는다)."는 이야기를 할 정도였다고 하니, 남편의 고기잡이 실력을 짐작할 수 있다. 할머니는 지금도 마을 사람들이 남편을 찾아와 옛날 고기 잡았던 곳을 말해 달라고 하지만 나이 들어서 이제는 바다에 가지 않는다며 남편 자랑도 한다.

"멜 하영 들민 춤 추멍 지뻐헷주"

김녕리 사람들에게 '멜'(멸치)은 생명 줄이나 다름없었다. 당시 멜은 젓갈을 담가 먹기도 했고, 국을 끓여 먹기도 했다. 배를 갈라서 말렸다가 밑반찬을 만들어 먹기도 했다. 이뿐 아니다. 멜은 척박한 모래땅을 일굴 때 없어서는 아니 되는 거름 역할도 톡톡히 해냈다.

"남자들이 바당에서 멜을 거령 오민(떠 오면) 여자들은 멜을 경 날르곡(져 나르고), 몰리는(말리는) 일을 헷주. 멜을 다 몰린 후에는 바당에 강(가서) 듬북 비어당(베어다가) 몰린 후 그 소곱(속)에 멜을 놔서 훈 눌(가리)씩 쌓아두고 용시(농사) 때 걸름(거름)대신 사용헷주."

멜 잡는 일은 마을 사람들이 40~50명씩 '접'(조합)을 결성해 하였다. 김녕리에만 '청굴접 · 신산접 · 고봉개접 · 아작접' 등 4개 조합이 번갈아가면서 '멜 거리는' 일을 했다고 했다. 접에 들지 않은 사람들은 몰래 바다에 나가 '멜'을 떠다가 반찬을 만들어 먹었다. 할머니는 "멜 거릴 때면 당선에 하양 · 노랑 · 빨강 · 파랑 등 오색 봉기를 꼽앗는디(꽂았는데) 멜이 하영 들민 밥허는 부녀자들이 밥주걱 든 채 춤을 추며 지뻐햇어(기뻐했어)." 하고 말한다.

노동의 현장에서 불렸던 할머니의 〈멜 후리는 소리〉는 이제 문화재가 되었다. 할머니는 〈멜 후리는 소리〉뿐만 아니라 '걸궁'(걸립)도 잘 쳤다. 마흔두세 살 쯤 되었을 때의 이야기이다.

"ᄒᆞ루는 걸궁허는 사름이 '꽝메기'(꽹과리) 두들겨 보라고 헤서 대번에(한번에) 두들기니까, 장고도 두드려 보라, 북도 두드려 보라고 헤. 그냥 두드리니까 다 잘헌다고 그때부터 동네 사름덜허고 걸궁허레 댕겻지(다녔지). 노래도 잘 부르니까, 노래가 필요한 곳은 많이 불려 댕겻주. 동네 어른덜도 '나 거', '나 거' 하면서 많이 애껴(아껴) 주엇어."

김녕리의 〈멜 후리는 소리〉가 1976년 한라문화제*에서 최우수상을 받자 김 할머니는 선소리꾼으로 진주 · 전주 · 서울 등지에서 열리는 전국민속예술경연대회에 참가해 제주 노동요의 우수성을 알렸다. 제주도는 그 대가로 할머니의 나이 쉰여덟 살인 1986년에 제주도무형문화재 제10호 〈멜 후리는 소리〉 예능 보유자로 보답하였다. 구멍가게를 소일거리로 삼는 할머니의 〈멜 후리는 소리〉는 이 마을 김순녀(1923년 생) 씨가 보유자 후보로, 큰딸 한성복(1951년 생) 씨가 조교, 막내딸 한희복(1970년 생) 씨가 전수생으로 소리의 명맥을 잇고 있다.

* 한라문화제는 1965년 제주예술제를 개칭해 제4회부터 붙여진 제주도민축제이다. 예술제 중심의 축제를 민속예술로 강화하여 2002년 제41회부터 탐라문화제로 이름이 바뀌었다.

"다른 지역보다 김녕 · 월정 · 행원 노랫가락이 굽이쳐 유장한 맛이 잇어. 요즘 아무렇게나 노래를 부르는 사람이 잇어 걱정이라. 노래도 다 부르는 법이 시난 ᄒᆞᆫ(한) 꼭지를 불러도 제대로 불러야 허메."

(2001. 11. 9.)

● 멜 후림과 〈멜 후리는 소리〉

어어야뒤야 어기여뒤라
동게코는 웅그문여에
서게코는 소여군에 그물부치곡
추자안골 사서 안골궤기
농겡이와당에 다 몰려놓곡
앞궤기는 선진을놓곡
뒷궤기는 후진을놓으라
베테우에 놈덜아
우베리를 살짝들르라
훈불로 멜나간다
당선에 망선에 봉기를꼽아
우리옛조상덜 허던일들
잊어불지말아 되살려보자
풍년 왓구나 농겡이와당에
돈풍년 왓구나
어어야뒤야 어기여뒤라

— 〈멸치 후리는 노래〉 중에서

〈멜 후리는 소리〉는 해수욕장이 있는 지역에서 '멜 후리며'(멸치 잡으며) 불렀던 일노래이다. '멜 후리는 일'은 백사장이 있는 곳에서 발달하였는데, 제주에서도 김녕리 등 몇 지역에서만 〈멜 후리는 소리〉가 명맥을 유지하고 있다.

김녕리에서 멸치잡이는 음력 3월부터 9월까지 계속되었다. 해안에서 1km 쯤 떨어진 바다까지 나간 '테우'(떼배)와 낚시거루 몇 척이 원을 둘러가며 그물을 넣고 멸치를 후린다. 어획 때에는 보통 떼배 4척과 낚시거루 3척이 나서는데 낚시거루는 기능에 따라 '당선 · 망선 · 닻배'로 구분된다.

'당선'은 멸치 떼가 몰리는 곳을 알아보는 순시선이고, '망선'은 그물을 싣고 가는 배이다. '닻배'는 멸치 그물의 닻을 감아올리는 배이다. 멸치가 들어있는 닻을 양쪽으로 죄어가면서 선진 · 후진으로 나누어 멸치잡이를 한다.

멸치잡이 그물은 저녁부터 자정 사이 밀물 때 넣고, 자정 이후 줄곧 작업을 한다. 동이 틀 무렵 바닷가로 낚시거루가 몰려오면, 잡힌 멸치를 바닷가 모래펄에서 일제히 그물을 잡아당기면서 후린다. 이때 남녀노소가 한데 어울려 불렀던 노래가 바로 〈멜 후리는 소리〉이다.

〈멜 후리는 소리〉는 한 사람의 선창에 따라 모두가 후렴을 따라 부르는 선 · 후창 방식으로 이어진다. 선창에 따라 후창이 '어어야뒤야 어기여뒤라' 하며 힘차게 소리를 받는다.

2004년 8월 1일 이호테우축제에서 선보인 멜 후리기 재현 장면.

이광진 사진

제주 민요 예능 보유자 후보

이선옥 할머니

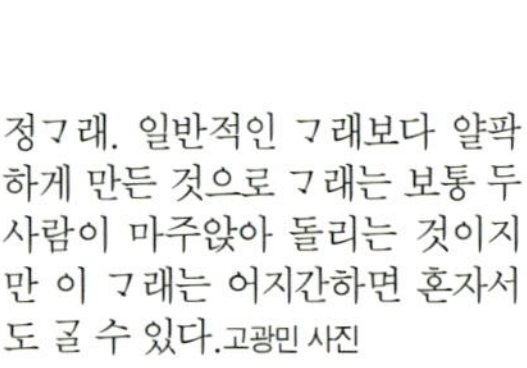

정ᄀᆞ래. 일반적인 ᄀᆞ래보다 얄팍하게 만든 것으로 ᄀᆞ래는 보통 두 사람이 마주앉아 돌리는 것이지만 이 ᄀᆞ래는 어지간하면 혼자서도 ᄀᆞᆯ 수 있다. 고광민 사진

조을선 할망은 〈산천초목〉, 난 〈봉지가〉

제주도 남제주군 표선면 성읍리 이선옥 할머니(중요무형문화재 제95호 〈제주 민요〉 예능 보유자 후보)는 90년을 이 마을의 버팀목처럼 살고 있는 제주 민요계의 산증인이다.

지난 1971년 제주도무형문화재 제1호 〈제주 민요〉 중 〈봉지가〉 예능 보유자로 지정된 이선옥 할머니는 이 마을 조을선 할머니(2000년 4월 작고)와 함께 제주 민요를 분신처럼 껴안고 살아온 소리꾼이다.

1989년 12월 1일자로 조을선 할머니가 중요무형문화재 제95호 〈제

중요무형문화재 제95호 〈제주 민요〉 예능 보유자 후보 이선옥 할머니. 강정효 사진

2002 FIFA WORLD CUP

주 민요〉 예능 보유자로, 이선옥 할머니가 보유자 후보로 지정되어 성읍 마을 동료 소리꾼들과 함께 전국민속예술경연대회, 한라문화제 등 도내·외 무대에서 제주 민요의 독특함과 우수성을 알려왔다.

제주 민요의 대명사처럼 살아온 이 할머니는 조을선 할머니가 세상을 뜬 후에는 소리 현장에도 나가지 않고, 쓸쓸히 삶을 연명하고 있다.

문화재로 지정된 〈제주 민요〉에 대해 이선옥 할머니는 다음과 같이 설명해 준다.

"조을선 할망(할머니)은 〈산천초목〉과 〈오돌또기〉를, 난 〈봉지가〉를 주로 불렀어. 〈산천초목〉과 〈봉지가〉는 봄에 놀레(놀러) 뎅길(다닐) 때 불렀던 노래주."

〈제주 민요〉 설명을 마친 이선옥 할머니는 〈제주 민요〉의 진수를 들려주기라도 하듯이 〈봉지가〉와 〈산천초목〉 몇 소절을 즉석에서 뽑아낸다.

봉지가 진다 아~
봉지가 진다~
봄철낭에 봉지가진다
아 야야~ 에에~ 리리리리
야야 에 헤 얼씨구나
엥헤가 논다
엥헤가 논다

청포장 속에

엥헤가 논다

아야~ 에에~ 리리리리

야야 에 헤 얼씨구나

— 〈봉지가〉 중에서

산천초목 속입난디

벳(볕)난다 구경가게

엘화 반갑도다

꼿(꽃)은꺾어 머리에꼽고

입(잎)은 땅(따서) 엘화 입에 물고

산에올라 들구경하니

천하일색은 엘화네로구나

— 〈산천초목〉 중에서

이선옥 할머니는 예전에 불렀던 노래를 다 쏟아내지는 못했지만 고운 목소리는 타고난 소리꾼이었음을 입증해 보여 주었다.

"나가(내가) 소리꾼으로 인생을 또시(다시) 시작헌 것은 쉰일곱 술(살) 때부터주. 쉰只섯 술에 남펜(당시 61살)이 세상을 떳어. 그 이듬해에 놀레 뎅기멍(놀러 다니면서) 동네 사름덜광(사람들과) 북 두드리멍(두드리며) 소릴 헷주. 술은 입에도 못 대신디(대었는데) 그때부텀 술도 흔 잔썩(한 잔씩) 마시고, 놀기도 허고, 노래도 불럿주. 그 때는 장구도 어시 북 두드리면서 심심허민(심심하면) 할

이선옥 할머니가 집 앞 난간 위에 걸터앉아있다. 강정효 사진

망(할머니)·하르방(할아버지)덜 이 모연(모여서) 노래를 불르멍(부르면서) 놀아낫주. 흔 번은 일본에서 오래 살당(살다가) 온 어느 하르방이 노는 디(노는 장소)서 〈봉지가〉를 불러. 그 하르방 부르는 노래를 배완(배워서) 부른 게 오늘꺼정이주(오늘까지지)."

농사일과 삯바느질로 10남매 키워

이선옥 할머니는 열일곱 살에 시집와서 스물세 살부터 마흔두 살까지 아들 여덟, 딸 둘 등 10남매를 낳아 키웠다. 아들 둘과 딸 하나는 어렸을 때 잃었고, 8남매 가운데 또 아들 둘을 앞세웠다. 지금은 튼튼이 6남매와 손자들을 보는 게 할머니의 유일한 낙이다.

"즈식(자식) 열 명을 낭(낳아서) 키우젠 해봐. 먹을 것이 읏이난(없으니까) 벳 낭(볕이 나서) 밧듸(밭에) 갈 때는 아칙(아침)이영 점심은 밥을 먹고, 즈냑(저녁)인 송키(나물)영 ᄆ멀ᄀ를(메밀가루를) 놩(넣어서) 죽 쒕(쑤어) 먹곡, 비왕 밧듸(밭에) 안 가는 날은 아칙은 밥, 점심·즈냑은 죽을 먹엇지. 죽도 쒕 아이덜 멕이당 (먹이다) 보민(보면) 나 먹을 건 읏곡(없고), 경허멍(그렇게 하면서) 살아신디(살았는데)……."

힘든 살림을 꾸리기 위해 할머니는 밤이면 남폿불을 '싸서'(켜서) 삯바느질을 해야만 하였다. 동네잔치 때는, 때로는 품삯을 받고, 때로는 부조로 신랑 · 신부 옷 만드는 일과 신부 머리 올려주는 '오그랑건재' 드리는 일을 많이 했다.

《제주의 문화재》에서 재인용

이선옥 할머니(오른쪽에서 여섯 번째)가 동료들과 제주 민요를 부르고 있다. 할머니 오른쪽이 〈제주 민요〉 예능 보유자였던 조을선 할머니(작고)다.

할머니는 젊을 때는 '저를 어시(겨를 없이)' 일만 하며 살았지만 노년에는 소리를 한 덕에 행복한 삶을 사는 것 같다며 조용히 웃어 보였다.

성읍에서도 일할 때 불렀던 노동요가 산재해 있다. 남자들은 〈밧볼리는 소리〉를, 여자들은 〈검질매는 소리〉, 〈맷돌 노래〉, 〈마당질 소리〉 등을 불렀다는 것이 이선옥 할머니의 증언이다.

"ᄒᆞᆫ 착(한 쪽)에 두 명이나 시 명썩(세 명씩) 상(서서) 도깨(도래깨)로 ᄒᆞᆫ 번씩 내리치멍 〈마당질 소리〉를 부를 때는 일도 잘 뒈고 재미도 이섯주. 〈봉지가〉, 〈산천초목〉은 옛날 산으로, 들로 놀래뎅기멍(놀러다니면서) 불럿던 노래 닮아."

소리를 한 덕분에 할머니는 서울 · 부산 · 강원도 등 가보지 않은 곳이 없다고 했다. 방송국 출연이다, 전국민속예술경연대회다, 한라문화제다, 제주 민요가 필요한 곳은 어디든 다녔다.

나이가 들어 옛날 불렀던 노래도 '튼내지'(기억하지) 못하겠다는 이선옥 할머니. 할머니는 "나이가 일흔만 되어도 다니고 싶은 곳 활활 다니고, 구경할 거, 노래 부를 거 다 부르멍(부르며) 살 텐테. 무사(왜) 사름(사람)은 늙으렌(늙으라) 허여신고(했는고)이." 하며 아픈 다리를 툭툭 쳐보지만 별 소용이 없다.

"두 해 전에 을선이 할망이 홀연히 세상을 떠나부런(떠나서) 소곱(가슴)이 는착헌 게(내려앉는 것이) 눈물만 나와. 혼 번은 노인당에 놀레 가신디 을선이 할망 닮은 사름이 올레로 들어오는 것 닮아. 그루후젠(그 후론) 노인당에도 나가지 안허고(않고) 노래도 부르지 안허염주(않고 있지). 을선이 할망 웨조케(외조카, 강문희 · 교육보조자)가 우리가 불럿던 노래를 부르고 잇주. 꽤 잘 불러."

취재를 마치고 할머니의 집을 나서는데 할머니 어깨 너머로 함박눈이 쏟아져 내린다. 낮은 초가에서 하루하루를 정리하듯 살아가는 할머니의 어깨 위로 쏟아지는 함박눈 송이송이 속에 우리네 어머니와 할머니의 고달픈 인생 역정이 겹쳐 보였다. 강산이 아홉 번 바뀔 때까지 불렀던 이선옥 할머니의 구성진 노랫소리가 시대를 뛰어 넘어 오래도록 이어지길 기대해 본다.

봉지가 진다
봉지가 진다

(2002. 1. 25.)

● 중요무형문화재 제95호 〈제주 민요〉란?

〈오돌또기〉, 〈산천초목〉, 〈봉지가〉, 〈맷돌 노래〉. 중요무형문화재 제95호로 지정된 '제주 민요' 네 수다. 이들 네 수의 민요 가운데 〈맷돌 노래〉는 제주 고유의 노동요이고, 〈오돌또기〉, 〈산천초목〉, 〈봉지가〉는 우리나라 본토에서 유포되다가 제주도로 흘러 들어와 전승 변이된 제주 창민요(통속 민요)이다.

창민요는 주로 남제주군 성읍리 지역에서 전승되어 왔다. 성읍리는 1423년부터 1914년까지 약 500년 동안 정의현(旌義縣)의 현청(縣廳) 소재지로, 성읍에는 위의 네 수의 민요 외에도 〈검질매는 사대 소리〉, 〈방아찧는 소리〉, 〈마당질 소리〉, 〈밭밟는 소리〉 등 노동요와 〈동풍가〉, 〈질군악〉, 〈계화타령〉 등 관기(官妓)들에 의해 수입, 변용된 창민요가 발달되어 있다.

중요무형문화재 95호로 지정된 〈제주 민요〉 중 〈오돌또기〉는 제주도의 대표적인 민요인데 구성지고 은은한 가락이 제주의 아름다움과 싱그러운 정취를 느끼게 해주는 곡이다. 〈산천초목〉과 〈봉지가〉는 제주도에서 드물게 전승되는 노래로 들놀이와 적나라한 애정을 노래한 창민요이다.

〈맷돌 노래〉는 〈맷돌질 소리〉, 〈ᄀᆞ레ᄀᆞ는 소리〉 등으로 불리는데 도 전역에 분포되어 있다. 조와 보리 · 메밀 등 잡곡을 맷돌에 넣고 갈면서 불렀던 노래로, 제주 여성들의 삶 자체가 진하게 녹아 있는 민요이다. 〈맷돌 노래〉 사설은 특히 제주의 전통 사회의 생업 · 지리 · 민속 · 신앙 · 풍토 · 가정에서의 생활 등을 담고 있어서 사설 자체로도 문학성이 뛰어나다는 평가를 받고 있다.

민요 연구에 평생을 바쳤던 김영돈 박사(작고)는 "수집한 제주 노동요 1,142편 중 〈맷돌 노래〉가 815수나 되는데 제주 노동요의 백미는 당연 〈맷돌 노래〉이다."고 밝힌 바 있다.

한편 〈제주 민요〉는 지난 1971년 8월 26일 제주도 무형문화재 제1호로 지정, 전승되다가 〈해녀 노래〉를 제외하고 1989년 12월 1일자로 중요무형문화재 제95호로 지정되어 오늘에 이르고 있다.

ᄀᆞ레 ᄀᆞ는 장면.

홍정표 사진, 〈제주 100년〉에서 재인용

귀신의 본을 풀면 신나락하고

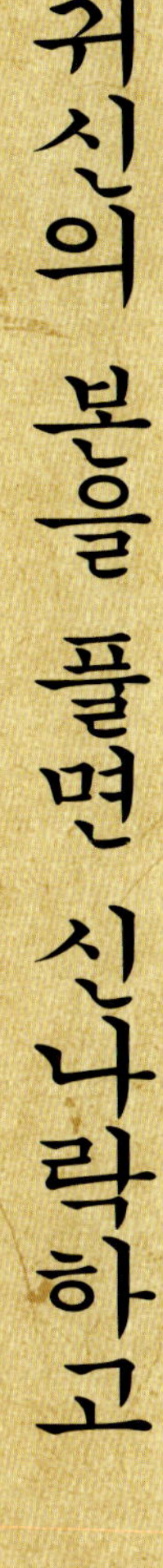

이중춘 - 영감놀이 · 제주 큰굿 기능 보유자
김윤수 - 칠머리당굿 기능 보유자
문순실 - 김녕리 잠수굿 매인 심방
고봉만 - 제주어 기능인

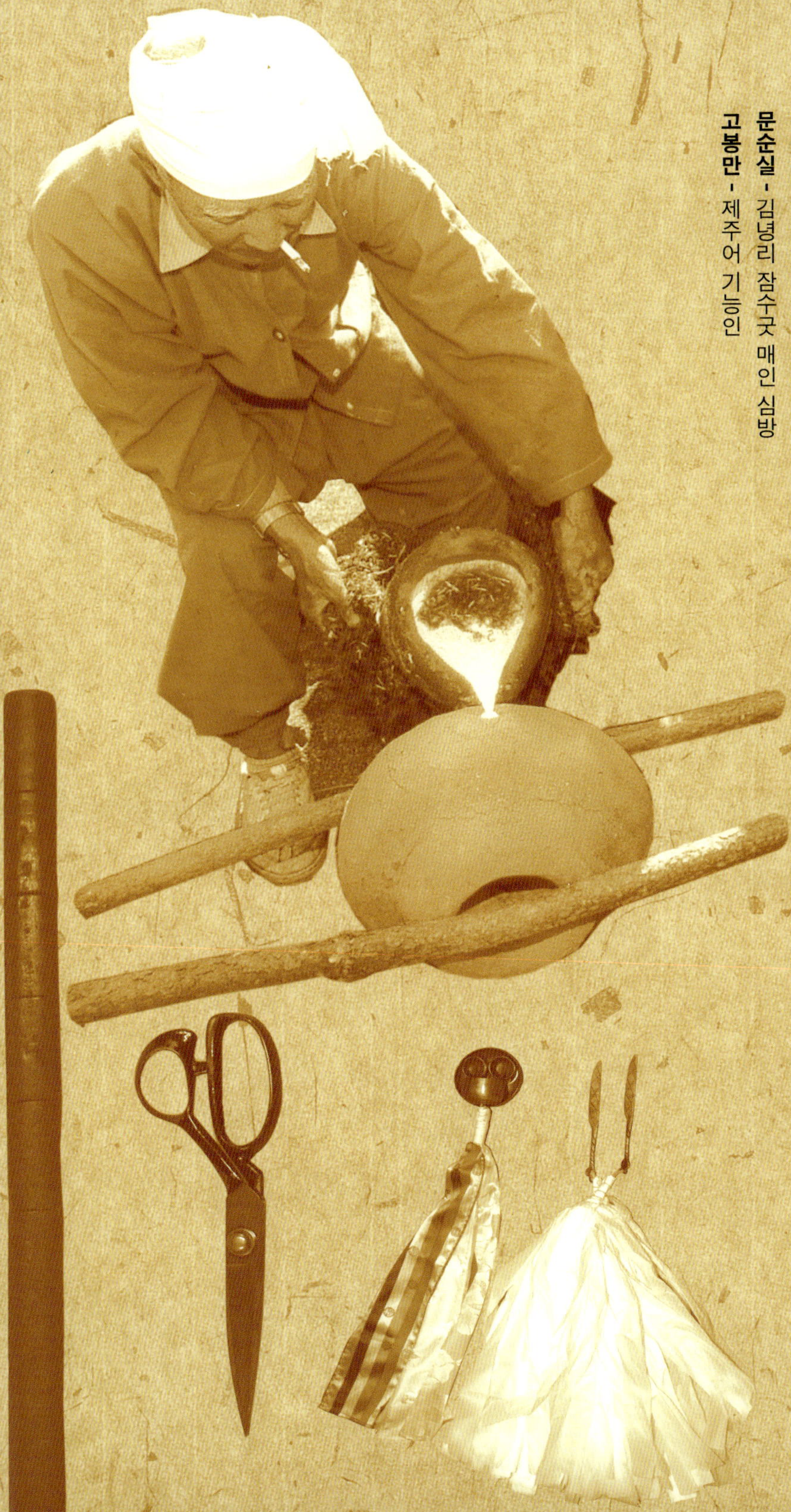

영감놀이 · 제주 큰굿 기능 보유자

이중춘 심방

"제주 큰굿 보존은 평생 소원 냈던 일"

〈제주 큰굿〉이 제주도지정 무형문화재 제13호로 지정된 날 이중춘 심방(1933년 생 · 제주도 북제주군 구좌읍 행원리)은 "큰굿 보존은 평생 내가 소원 내었던 일이어요. 큰굿을 보존해야 제주굿이 살아나지요."라며 즐거워했다.

강산이 변해도 네 번 이상 변할 세월 동안 '심방 일'을 하고 있는 이중춘 심방. 이중춘 심방은 제주도무형문화재 제2호 〈영감놀이〉(1986년 4월 10일 지정) 기능 보유자로서, 제주민의 기층문화인 '굿'을 계

승해 나가는 제주 무속계의 산증인이다.

"내가 심방으로 나산(나선) 것은 스물네 술(살) 때라. 이모 댁에 놀레 갓당(놀러 갔다가) 두령청이(홀연히) 나도 모르게 굿을 헌 거지. 5~6년 쯤 심방 일을 헷을 때 주변에서 괄세(괄시)허는 말덜이 하영(많이) 나와. 나보담(나보다) 못헌 사름덜신디(사람들한테서) 그런 말을 들으민 춤을 수가 읏어(없어). 그래서 아홉 번이나 그만두젠(그만두려) 헷주. 쉐(소) 장시(장사), 몰(말) 장시, 메역(미역) 장시를 헷지만 뒈는 게 읏어(없어). 어찌된 일인지 심방 일을 설러불민(그만 두면) 몸이 빼빼 몰라(야위어). 그러다보니까 나이 서른 술이 넘언. '헤도 심방, 안 헤도 심방' 소리를 들을 거여서 헐 푼세(바에)는 철저히 헌다고, 밥 먹곡 똥 쌀 때만 빼곡 3년 동안 어멍신디(어머니한테) 열심히 배완(배웠어). 그때 써 둔 기록장이 남아 셔시민(있다면)……."

1994년 동김녕리 문순실 심방댁 중당클굿을 할 때 북을 치며 굿을 하는 이중춘 심방. 김기삼 사진

이중춘 심방은 서른한 살 때 처음 '심방굿'(신굿)을 하였다. 신굿만도 큰굿을 4차례, 또 5~6일 굿은 열댓 차례나 하였다. 신굿은 본격적인 심방이 되기 위해서 하는 굿으로, 심방해서 번 것을 신들에게 베푸는 굿이다.

이중춘 심방은 쉰 살이 될 때까지 제주도 전역을 돌아다니면서 굿

◀ 〈제주 큰굿〉 기능 보유자 이중춘 심방. 김기삼 사진

김기삼 사진

1994년 문순실 심방댁에서 중당 클굿을 할 때의 이중춘 심방.

을 잘 한다는 사람들한테 큰굿에 대해 듣고 배웠다. 그러다보니 쉰여섯 살 되니까 〈영감놀이〉 기능 보유자도 되더란다. 그는 작고한 안사인 심방과 칠머리당굿보존회를 만들어 4년 동안 회장을 맡기도 하였다.

외가 대대로 심방, 25대째 심방 일

"우리 조상이 나끄지(나까지) 25대째 굿을 헤와신디(왔는데), 〈제주 큰굿〉 기능 보유자로 지정뒈엇다니깐(되었다니까) 벨벨(별의별) 생각이 다 들어. 이런 것 저런 것 조상덜 대대로 이어온 것을 후계에게 양성허민 제주굿이 '발롸질'(바르게 될) 것이란 의미 닮아(같아). 지금 제주에서 큰굿을 헐 수 이신(있는) 심방이 5~6명이나 뒈카(될까)?"

이중춘 심방의 가계는 외가 대대로 알아주는 심방들이 많았다. 신촌 큰물당김씨할망 선조 때부터 25대째 심방 일을 하고 있다. 김녕리 문순실 심방이 15년째 그에게 제주굿을 전수받고 있다.

"엿날(옛날) 심방덜은 잘 못허믄 '옷 벗으라' 욕 들곡, 북채로 얻어맞곡,

발길로 채이멍(채이면서) 눈물이 찔찔 나게시리(나도록) 베왓주(배웠지). 심방도 5등급으로 구분해서 최하 등급일 때는 굿인일(굿은 일) 다 해도 대우가 행펜읏고(형편없고). 언제민(언제면) 천대받지 아녕(않고) 굿을 잘 헐까 해서 열심히 베왓는디, 요즘 심방덜은 '돈벌이'만 생각헷지 굿을 제대로 베우젠(배우려고) 허질 아녀(하지를 않아)."

이중춘 심방은 육지에서 내려온 무속인과 제주 심방을 합쳐 600~700명은 족히 무속 일을 하고 있을 것으로 추정한다. 그러나 그들 심방들은 굿을 알아서 하는 것이 아니라 '둥게 둥게(둥개 둥개)' 춤만 추고 악기만 때리면 굿하는 걸로 안다며 걱정한다.

강정효 사진

〈제주 큰굿〉 설명을 하는 이중춘 심방.

정직하게 굿하지 않으면 죄 받아

"성주가 누게고(누구고), 칠성이 무슨 칠성인지도 모른 채 아무렇게나 굿을 헤여. '선심방은 사름 살리곡 선의원은 사름 죽인다'는 말이 셔(있어). 그건 심방이 사설을 잘못해도 신이 알아서 다 발롸(바르게 해) 주기 때문에 별 문제 읏다는 말이주만, 정직허게 허지 아녀믄(하지 않으면) 반드시 줴깝

문순실댁 중당클굿에서 이중춘 심방이 절치기를 하고 있다.
김기삼 사진

(죄 값)을 추리게(치르게) 뒈어 잇어(되어 있어). 굿 잘못헷당 죽은 심방도 여럿 잇주."

심방은 옥황상제부터 집 영가까지 엮을 수 있어야 굿을 할 수 있다고 한다. 본풀이의 근원을 안 연후에 굿 법을 지키면서 굿을 해야 제대로 된 굿이 된다는 뜻이다.

"신굿을 1회 이상 치른 사름만이 신굿을 헐 수가 셔(있어). 그런디(그런데) 요즘은 그런 절차도 무시허는 경향이 너미(너무) 많아."

심방은 신의 제자니까 몸가짐도 산뜻하게 하고, 자신에게 엄격해야 한다는 이중춘 심방은 "불휘(뿌리) 없는 송애(이파리)처럼 굿을 대충 하려 들지 말고 베우려면(배우려면) 불휘부터 절차대로 베와사 허는 거"라며 정직하고 정확한 굿 문화가 정착될 수 있길 소망했다.

"육지 굿은 혼 가지를 놓고 허는디 제주도 굿 형태는 여러 가지주. 1만 8,000신에, 굿 형태는 열두 본풀이, 종류만 20석시(종류)나 돼어. 심방은 4만 5,600 도업을 치기 때문에 굿 법도 많을 수베끠(밖에) 엇주(없지). '들러퀸다'(나댄다)고 굿이 돼는 게 아니라 문세(문서, 곧 본풀이 사설)를 잘 웨와사(외어야) 굿을 제대로 헐 수 잇어(있지)."

이중춘 심방의 마지막 소원은 〈제주 큰굿〉 전수관을 설립하여 제주 무속인들에게 큰굿을 절차대로 전승하는 일이다. 또한 지금까지 나온 무속 관련 자료들 중 잘못된 부분을 바로잡아 《제주무속전집》을 만드는 것도 마지막 그가 벌일 사업이다.

이중춘 심방은 또 말한다. "탐라문화제 때 허는 굿 시연도 '보여주기' 위한 것이 아니라 단 혼 번을 허더라도 제대로 헐 때 제주 굿에 대한 심방과 도민들의 인식이 바뀔 수 잇주."라고 강조한다.

'윗물과 아랫물이 같아야 제주 굿이 살아난다.'는 이중춘 심방. 〈제주큰굿〉을 문화재로 지정했으니까 행정 기관이나 언론 등에서도 〈제주 큰굿〉이 제대로 전승될 수 있도록 협조를 아끼지 말아야 한다고 조언한다. 〈제주 큰굿〉이 살아날 때 제주의 독특한 굿 문화가 살아날 수 있다는 것이다.

(2001. 8. 21.)

● 〈영감놀이〉란?

〈영감놀이〉는 제주 무속에서 나온 놀이다. '영감' 은 도깨비 신을 높여 부르는 말로서, '영감 · 참봉 · 금채 · 야채 · 옥채' 라고도 한다.

〈영감놀이〉는 '칠머리당'의 '영등굿'에서 '요왕맞이'가 끝난 뒤 어부들을 위한 선왕굿으로 하고 있다. 여기에서 〈영감놀이〉는 풍어를 기원하는 의례로서의 굿이다.

〈영감놀이〉는 서울 남산 먹자고을 허정승의 일곱 형제를 놀리는 굿이다. 영감은 밀짚모자에 곰방대를 물고, 어깨에 오장삼을 메고, 손에는 횃불을 들었다. 얼굴에는 종이가면을 썼다. 굿이 끝나면 돼지를 잡고 짚으로 만든 배에 제물을 가득 싣고 〈서우제소리〉를 부르면서 관람객들과 한바탕 춤을 추면서 논 다음 떠난다. 굿 놀이가 굉장히 재미있다.

〈영감놀이〉는 또 '도깨비', '영감'을 조상으로 모신 집안에서 미친 환자가 생기거나 어부나 잠녀들이 아프면 치르는 '두린굿'을 말하기도 한다.

이중춘 심방에 의하면, 한 잠녀가 병에 걸려 병원에 가도 낫지 않아 굿을 했다고 한다. 초감제 신을 청했더니 환자가 춤을 추면서 '나는 누구다', '나는 어디에서 붙었다', '언제 간다' 는 등 이야기를 하더란다. 심방은 악기만 두드리고 환자는 3일, 5일, 7일 계속해서 춤을 추는데 10일 이상 밤낮으로 춤추는 경우도 보았다고 한다.

영감신은 깜짝 놀랄 때 사람의 피에 감아들어 붙는다. 거리에는 거리대장, 요왕으로 가면 서낭신이 있다. 산에서든, 길가에서든, 물에서든 '깜짝' 놀랄 때 접촉하는 신이니 주의할 일이다.

제주칠머리당굿에서의 〈영감놀이〉 장면.

박경훈 사진

칠머리당굿 기능 보유자

김윤수 심방

굿은 단순히 심방들이 하는 푸닥거리가 아니다. 사설과 가락, 장단, 푸닥거리를 종합해 볼 때 굿은 민중들의 삶 속에 진득하게 녹아 있는 기층문화의 핵심이며, 종합 예술인 셈이다. 제주사람들은 무속 신앙을 뿌리로 하여 '신앙공동체'를 이루어왔다고 해도 과언이 아니다.

굿은 한때 미신이라 하여 환영받지 못한 때도 있었다. 새마을운동으로 신당 철폐 운동이 벌어지기도 했다. 더욱이 '심방'(무속인)은 '팔자 그르친 사람'으로 폄하되기도 했다. 때문에 대부분의 심방들은 '심방질'(심방 일)을 하면서도 그 일에서 벗어나려고 무진 애를 썼다. 그러나 타고난 업은 어쩔 도리가 없었다.

열일곱 살부터 무업(巫業) 쌓아

박경훈 사진

칠머리당굿을 집전하는 김윤수 심방.

중요무형문화재 제71호 제주 칠머리당굿 기능보유자 김윤수 심방(1946년 생 · 제주도 북제주군 조천읍 신촌리)도 그런 사람 중의 한 명이다. 김윤수 심방이 무업의 길로 처음 발을 들여놓은 것은 열다섯 살 때이다.

"중 1 때였는데 시름시름 아판(아팠어). 머리도 아프고 몸도 저리곡(결리고). 약을 먹어도 낫지 않고, 병원엘 가도 큰 병은 읏다(없다)고 하는데 영 낫지 않자 백모님께서 '너 그러지 말앙(말고) 큰아방(큰아버지) 뒤를 이어 심방질 베와라(배워라)'고 해서 그때부터 큰어멍(큰어머니) 따라다니면서 심방질을 베왓지(배웠지)."

김윤수 심방은 열일곱 살에 안사인(작고) 심방 밑에 들어가 본격적으로 무업을 쌓기 시작했다. 그 후 여기저기 스승을 찾아다니면서 발일, 잔심부름 등을 해주면서 심방 일을 배웠다.

"흔 번은 삼양1동에 굿을 갓어. 연물을 때리는 디, 아차 졸음이 와서 연물

◀ 김윤수 심방이 동이풀이를 하고 있다. 박경훈 사진

현용준 민속사진집 《靈》에서 발췌

1981년 음력 2월 14일 제주칠머리 당굿 기능 보유자 안사인 심방이 칠머리당굿 신청궤를 하고 있다.

가락을 놓친 거라(거야). 같이 굿을 허레 갓던 삼춘신디(삼촌한테) 설쇠 채로 목덜미를 맞앗는디 어찌나 세게 맞앗는지. 매 맞은 것이 너무 칭원허영(억울해서) 삼양 바당에 강 막 울엇어. 삼춘이 와선 '이놈아, 심방질도 연물질도 베우젠 허민(배우려고 하면) 욕도 들고 매도 맞으멍(맞으면서) 배와사 잘 헤진다'며 달래는 거라."

그렇게 엄하게 배워선지 김윤수 심방은 열여덟 살 때부터 '악기를 잘 때린다'(연물 잘 친다)는 소리를 들었다고 한다.

"혼 번은 백모님 ᄯᆞ랑(따라) 한림에 굿허레 갓어. 마당에 장막 치고 굿을 허는디 동네 청년덜이 '새 심방 나오라' 면서 돌멩이를 던지는 바람에 돌에 맞앙(맞아서) 씨러진(쓰러진) 적이 잇지. 백모님신디(백모님한테) 내가 다시 돌아오지 아녀도(않아도) 춫지(찾지) 맙서(마세요) 허고 나가서는 한바탕 붙엇지. 옆에 있는 장작으로 때려눕힌 후에 무작정 제주시 방면으로 달려왓는디 귀덕ᄁᆞ지 왓데. 곽지ᄁᆞ지 간 후제(후에) 트럭을 빌려 탕(타서) 제주시 ᄁᆞ정(까지) 온 적이 잇지(있지)."

〈탐라국입춘굿놀이〉에서 입춘굿을 하는 김윤수 심방. 제민일보 제공

박경훈 사진

칠머리당굿에서의 배방송 장면.

놀림에 못 이겨 서울서 건달 생활

그때는 심방이 많이 낳는데 새로 난 심방은 '애기심방'이라고 하면서 놀림의 대상이기도 했다. 그 후로 김윤수 심방은 '심방 일 설러부러야지'(그만 둬야지) 작심하고 아무도 모르게 상경해 명동에서 건달 생활을 하기도 하였다고 한다. 그의 청소년기는 방황의 연속이었다.

서울 생활 한 달 만에 김윤수 심방은 처음 아팠을 때처럼 시름시름 앓아 아무 일도 못하였다. 그래서 그는 다시 고향으로 내려와 심방 일을 하다 군 입대(1968년 22살 때 입대, 71년 제대)를 하였다. 제대 후에 그는 북제주군 조천읍 신촌리 고군찬(작고) 심방을 찾아갔다. 고군찬 심방은 그의 수양어머니다.

"그때 수양어머니가 '너도 웨롭고(외롭고) 나도 웨로우니까 부모 즈식(자식) 허고 내가 죽거든 멩두(명도) 물려주마' 해서 신촌에서 남의집 방 ᄒᆞ나(하나) 빌려서 살멍(살면서) 고군찬 심방을 수양어머니로 모시고 굿허레 다닌 게 지금꺼정이야(지금까지야)."

스물아홉 살부터 '큰심방' 대접 받아

이때부터 김윤수 심방의 무업 인생은 본격화됐다. 김윤수 심방이 큰굿을 직접 집전한 것은 그의 나의 스물아홉 살 때 제주시 봉개동 강 씨 집안에서이다. 봉개동 강 씨 집안에서 3~4일 동안 굿을 했는데 '애기심방', '고운심방' 하고 부르던 단골들이 '큰심방'이라 불러 주었다 한다.

김윤수 심방은 40년 가까이 굿판을 지켰다. 굿판을 지키면서 그가 가장 보람으로 여기는 때는 뭐니 뭐니 하여도 '굿을 해서 아픈 사람이 낫는 경우'라고 했다. 2001년 4월에는 9개월 동안 누워만 지내던 마흔세 살 여자의 굿을 4박 5일 했더니 이후 정신이 말짱하게 돌아온 일이 있었다며 좋아한다.

김윤수 심방이 제주시 건입동 칠머리당굿과 인연을 맺은 것은 1980년부터다.

"언젠가 조천 안사인 심방(칠머리당굿보존회 초대 회장)이 나를 촟아와서 ᄀ찌(같이) 손잡고 일허자(일하자)고 해. 그래서 1986년에 안사인 선생과 함께 제주칠머리당굿보존회를 멘들아서(만들어서) 안 선생이 회장, 내가 부회장과 총무 일을 마탕(맡아) 헷지. 안 선생이 돌아가시자 1991년에 내가 칠머리당굿 기능 보유자가 뒛어(되었어)."

제주칠머리당굿보존회를 맡아 가장 보람 있는 일로 김윤수 심방은 제주도 〈큰굿〉의 기초가 되는 '열두본풀이'를 채록, 정리해서 출간

* 김윤수 심방이 소원이던 제주시 무형문화재 전수회관이 2004년 4월 2일 사라봉 기슭에 지어져 준공되었다.
제주시가 10억여 원의 예산을 들여 제주시 사라봉 모충사 경내 900㎡ 부지에 연면적 616㎡ 규모의 지상 1층 규모의 건물 2채와 야외공연장 등으로 지은 제주시무형문화재전수회관은 제주시 소재 무형문화재인 제주칠머리당굿과 총모자, 탕건, 망건, 고분양태 등 제주시 관내 '갓일' 관련 무형문화재 기·예능 보유자들의 공개발표회 및 시연회는 물론 무형문화재 기능 전수 및 전통문화 계승의 장으로 활용되고 있다.
김윤수 심방이 예산 문제로 미루어 두었던 칠머리당굿에 대한 자료집도 출간되었다. 칠머리당굿보존회에서 자료를 제공하고 민속학자 문무병 씨가 책임 정리 및 해설을 맡아 엮은 《바람의 축제 칠머리당 영등굿》이 그 책이다. 이 책은 '바람축제 영등굿'·'영등굿의 유래', '칠머리당 영등굿'·'칠머리당 영등굿 자료', '안사인본 〈영감놀이〉' 등 모두 5장으로 구성되었는데, 사진 자료도 함께 실려 있어 제주의 영등굿을 이해하는 귀중한 자료로 활용될 것으로 기대된다.

김광빈 사진

제주칠머리당 당주방.

한《제주도 무속신화》를 꼽는다. 그러나 그에게는 예산이 없어 아직 칠머리당굿에 대한 자료집을 내지 못한 게 아쉬움으로 남아 있다.

이뿐인가. 김 심방은 1979년 한라문화제 때 제주시 용담동 〈용머리비우제〉 굿 주역을 맡은 것을 계기로 제주 굿을 민속 예술로 승화, 전승하는 일에도 앞장서고 있다. 한라문화제와 전국민속예술경연대회 주역과 연출을 맡아 왔는데, 지난 1990년 제31회 전국민속예술경연대회 때는 조천읍부녀회를 이끌고 〈서우제소리〉를 연출해 대통령상을 수상하기도 했다.

김 심방의 꿈은 하루속히 무형문화재 전수관이 만들어져 연물과 무가 등을 맘 놓고 전수하고, 기메와 연물 · 명도 등을 한 곳에 모아놓은 전시 공간을 꾸며놓아* 그 곳에서 제주 무속인들을 대동해 제대로 된 토박이 큰 굿을 해보는 것이다.

"굿은 연물을 쎄게(세게) 치고 푸닥거리만 헌다고 해서 홀 수 잇는 게 아니라 단골과 영혼들의 멕힌(막힌) 것을 속 시원히 풀어줄 수 잇어사 헤(있어야 해)."

(2001. 8. 13.)

● 제주굿과 연물

굿은 심방이 한다. 심방은 '대물림'을 하든, '명도'를 물려받아 하든, '운명처럼' 타고난 업이다.

굿이 이뤄지기 위해선 굿 사설인 본풀이가 있어야 한다. 이 본풀이를 토대로 심방은 제차 대로 굿을 한다. 굿하는 연유를 신에게 고하는 '연유 닦음'과 신의 뜻을 단골들에게 전해주는 '분부 사룀'을 잘하는 심방을 두고 '굿을 잘 한다'고 평가한다.

심방은 기능에 따라 '큰심방 · 소미 · 제비'로 구분한다. '큰심방'(수심방)은 굿을 주장하는 심방을 말하고, '소미'는 큰심방을 도와 연물을 치고 굿을 하는 심방을 말한다. '제비'는 굿판의 심부름꾼이다.

심방이 굿을 할 때 쓰는 무구의 중심에는 '명도'와 '연물'이 있다. '명도'는 산판과 요령, 신칼을 통틀어 말하는데 무구이자 심방이 모시는 조상이다. 심방이 명도를 물려받으면, 심방이 될 수밖에 없는 내력과 명도를 물려받게 된 사연을 고하는 '차례차례 제차례'(제의 순서대로) 신굿을 한다. 김윤수 심방은 명도를 물려받은 이후 마흔한 살에 진부옥 심방을 모셔다가 열사흘 동안 신굿을 하였다.
'연물'은 '대양 · 설쇠 · 북 · 장구' 등 굿을 할 때 쓰는 악기를 말한다. '대양'은 징처럼 생긴 것인데 소리는 징처럼 크게 울리지 않지만 '파– 파– 파–' 하고 소리를 내며 긴장을 고조시킨다. '설쇠'는 '사발을 엎어놓은 것 같은' 모양의 구리로 된 무구. 체 위에 올려놓아 채로 두드리는데 공명을 타서 나는 설쇠 소리는 꽹과리마냥 소리가 맑고 투명하다.

'북'은 네모난 'ᄀ는대구덕'(가는 대로 만든 구덕) 안에 놓고 친다. '장구'는 사물놀이의 장구보다 작은데 심방이 추물 공연 때 사용하기도 한다. 연물 장단과 가락은 제주만의 독특한 무악이다.

김광빈 사진

북

설쇠

대양

장구

김녕리 잠수굿 매인 심방

문순실 심방

〈송당리마을제〉에서 새드림을 하는 문순실 심방.

20년 넘게 김녕리 잠수굿 집전

"우환 있는 집에 굿을 해서 좋아지고, 아팠던 사람들이 나았을 때 가장 보람이 큽니다. 귀신도 마음 달래고, 생인도 마음 달랠 수 있는 '덕 있는 심방'이고 싶어요."

문순실(1961년 생 · 본명 서순실) 심방은 제주도 북제주군 구좌읍 〈동김녕리 잠수굿〉 책임 심방이다. 그녀는 40대 초반의 젊은 심방이지만, 제주도내에서 굿을 제대로 하는 심방 가운데 한 명이다.

지난 1981년부터 21년째 〈동김녕리 잠수굿〉*을 책임지고 있는 문순실 심방. 문 심방은 제주도무형문화재 제2호 〈영감놀이〉 조교로 있으면서 이중춘 심방(〈영감놀이〉 · 제주도무형문화재 제13호 〈제주 큰굿〉 기능 보유자)을 따라다니며 15년째 '제주 굿'을 배우고 있다.

문순실 심방이 무업을 닦기 시작한 것은 열네 살 때부터이다. 문 심방은 초등학교 시절, 일주일에 2~3일은 시름시름 아팠다 한다. 자주 아파 학교를 중단하게 되자 문 심방과 같은 길을 가는 어머니 문춘성 심방(1920년 생 · 김녕리)을 따라 굿판을 다니기 시작하였다.

문순실 심방이 본격적으로 '심방 일'을 하게 된 것은 1980년 칠머리당굿보존회에 가입하면서부터이다. 칠머리당굿보존회 전수생으로 들어간 문순실 심방은 안사인 심방에게 기본 굿법을 익히고, 21년째 〈동김녕리 잠수굿〉을 책임지면서 15년 전부터는 이중춘 심방에게 '제주 굿'을 배우고 있다. 칠머리당굿 보존회 일은 그만 두었다.

* 〈동김녕리 잠수굿〉은 현재 〈김녕리 잠수굿〉으로 열리고 있다. 김녕리는 1914년 행정구역 폐합 때 동 · 서 김녕리로 분리되었다가 2000년 1월 1일부터 마을 화합 차원에서 '김녕리'로 통합되었다. 김녕리 통합으로 〈동김녕리 잠수굿〉이 〈김녕리 잠수굿〉으로 이름이 바뀌었다. 동 · 서김녕리가 통합되기 전까지는 동김녕리는 무속식으로, 서김녕리는 유교식으로 잠수굿 겸 마을제를 지냈다. 이 글에서는 오랜 전통을 이어온 〈동김녕리 잠수굿〉이란 명칭을 그대로 사용하였다. 필자는 물질하는 여성을 뜻하는 용어로 '잠녀'를 쓰고 있지만, 문순실 심방이 사용하는 명칭대로 〈동김녕리 잠수굿〉이라는 이름으로 이 글을 전개하였다.

"〈동김녕리 잠수굿〉은 성세기한집 요왕문이 열린 음력 3월 8일에 이 마을 잠녀들이 주도가 되어 '세기알'(굿터 이름)에서 치러집니다. 잠녀들이 모여 한 해의 안녕도 빌고 해산물의 풍성함도 기원하는데 마을 사람들이 함께 하는 '마을 잔치'라고 할 수 있지요."

김녕리 잠수굿은 고래로 이어진 마을 축제

중당클굿 할 때의 당주 문순실 심방과 굿을 하고 있는 이중춘 심방. 당주다리 메어 듦 장면.

문순실 심방에 따르면, 〈동김녕리 잠수굿〉은 고래로부터 있어온 마을 전통 굿이다. 다른 지역은 보통 음력 2월 '영등굿'과 함께 하거나 잠녀들만의 굿으로 조촐하게 끝나지만 동김녕리는 매년 음력 3월 8일에 잠녀 탈의장 인근 '세기알'에서 굿판을 벌인다. 굿판에는 종일토록 마을 사람들로 북적인다.

문 심방도 어렸을 때 동네 아이들과 굿 구경 갔다가 어른들이 주는 떡을 받아먹으며 놀기도 했다. 굿이 열리는 갯가에는 사람들로 가득 찼었다는 것이 문 심방의 기억이다.

"잠녀들은 바다에서 생명을 걸고, 숨을 참으면서 해산물을 따 늘 불안한 삶을 살아요. 마른 밭(뭍의 밭)이야 숨도 쉬고 위험한 곳은 피하면서 일할 수 있지만, 바다 속은 마른 밭과 달리 목숨을 걸어야 하는 위험한 일이어서 믿음이 필요한 거지요. 잠녀들이 잠수굿에 정성을 들이는 것도 그런 이유 때문일 거예요."

◀ 탐라문화제 〈제주 큰굿〉 재현행사에서 문순실 심방이 새두림을 하고 있다. 제민일보 제공

김기삼 사진

중당클굿 할 때의 당주 문순실 심방의 질치기 장면.

잠녀들 음력 3월 초부터 정성

〈잠수굿〉이 열리기 전 이 마을 잠녀들은 여간 정성을 들이지 않는다. 음력 3월 초부터 몸을 정갈하게 한다. 굿이 열리기 3~4일 전쯤에는 일제히 물에 들어 해산물을 딴다. 이때 잡은 해산물은 제물로 올려지는가 하면 굿판이 열리는 날 손님들에게 접대용으로 쓴다. 잠녀들은 또 굿하기 전 마을 기관과 단체에 해산물을 돌려 굿 날짜를 알리는데 그 정성이 이만저만 한 게 아니다. 굿이 끝나면 잠녀들은 용왕상에 올렸던 음식을 자루에 담아 바다에 뿌린다. 이를 '지들인다'고 한다. 이 마을 잠녀들은 물질을 시작하는 첫 '조금'에도 백지에 쌀을 넣어 싼 'ᄆᆞ른 지(마른지)'를 바다에 들이는 등 생명을 잇게 해주는 바다에 정성을 쏟는다.

굿이 열리면 이 마을 기관 · 단체 · 학교장은 물론 선주 · 마을 유지들이 한 해의 안녕을 기원하며 '열명'을 올린다. 이들은 굿을 집전하는 주최측에 부조도 한다. 〈잠수굿〉이 열리는 날은 마을 공동체를 확인하고 다짐하는, '마을 축제의 날'인 것이다. 이에 보답하기 위해 이 마을 잠녀들은 노인잔치 등 '큰일'이 있을 때는 해산물을 따다 부조로 보내기도 한다.

"왜정시대엿주. 일본인들이 〈잠수굿〉을 못허게 막자 번찍햇던(아무일도 없던) 잠녀들이 1년에 한두 명씩 탕탕 죽어가. 그래서 잠녀들이 파출소로 기어들어(가서) '〈잠수굿〉 막지 말라'고 농성을 헷주. 그루후젠(그 이후에는) 굿을 허용햇는디 웨방(타지) 사름덜(사람들)은 죽어도 김녕리 자손이나 어른덜은 벨일 어시(별탈 없이) 잘 지냇주. 또 이런 일도 이서서(있었어). 박정희 정권 때 굿을 미신이라고 타파허니까 마을에서 굿대신 '다른 방식'으로 제를 지냇는디 또다시 탈이 난 거라. 1980년 이후 〈잠수굿〉을 허용한 이후에는 아직꼬장(아직까지) 벨일(별일)이 어서(없어)."

〈송당리마을제〉에서 소미로서 북을 치는 문순실 심방. 김순자 사진

문순실 심방의 스승이자 어머니인 문춘성 심방이 옆에서 거들면서 들려준 이야기다.

선배 심방들은 무속 일을 하면서 '심방'이라고 수모를 받았던 데 반해 문순실 심방은 그런 놀림은 그다지 받지 않았다. 무속에 대한 일반인의 인식이 그리 나쁘지 않았을 때 굿판을 다녀선지, '심방 일을 그만 두겠다'는 생각도 해보지 않았다고 한다.

문 심방은 "아버지나 진배없는 스승 이중춘 심방이 '너는 굿을 제대로 베와사(배워야) 헌다'고 늘 충고해 부담이 되지만 '제주 굿'에

강정효 사진

김녕리 바닷가를 찾은 문순실 심방.

대한 애착과 자긍심은 갈수록 커져요."라면서 "삼촌 계실 때 큰굿을 다 배워, 제대로 된 '큰굿 자료'를 정리하는 데 도움이 되고 싶어요."하고 말한다.

이중춘 심방을 삼촌이라 부르면서 따르는 문순실 심방은 또 "남은 생애 '제주 굿'을 지키는 데 보탬이 되고 싶습니다."며 강한 의지를 보여주었다.

(2001. 1. 11.)

● 동김녕리 잠수굿이란?

음력 삼월 초파일(3월 8일). 제주도 북제주군 구좌읍 김녕리 잠녀탈의실 옆 '세기알' 에서는 잠녀들이 주관하여 한 해의 안전과 해산물의 풍년을 기원하는 〈잠수굿〉이 열린다. 〈잠수굿〉이 열리는 굿 터에 선 이 마을 문순실 심방(〈동김녕리 잠수굿〉 책임)의 집전 하에 하루 종일 굿판이 벌어진다.

〈동김녕리 잠수굿〉은 단순히 이 마을 잠녀들만의 굿이 아니다. 마을 잠녀뿐만 아니라 마을 유지와 단체장, 남녀노소가 한 자리에 모여 종일토록 굿도 즐기고 놀이도 한다. 마을 사람들은 이 날 어촌계에 부조도 하고, 잠녀들은 해산물로 만든 음식과 굿 음식을 나눠주며 공동체를 확인한다.

평생을 민요와 해녀연구에 바친 김영돈 박사(작고)는 "〈동김녕리 좀녜굿〉은 해녀들만의 해상 안전과 채취물의 등풍(登豊)을 위한 의례로 그치질 않고 온 마을 공동의 혼연일체된 제의 성격을 띤다. '좀녜굿' 이 여성 위주이긴 하면서도 남성들도 함께 참여, 지원하는 온 마을의 의례요, 축제적 성격을 띠고 있음이 유다르다." 고 평가한 바 있다.

〈동김녕리 잠수굿〉은 초감제－공련－세경본풀이－요왕맞이－요왕질침－요왕도지드림－차사본풀이－액막이－서낭풀이－배방송 순으로 집전된다. 〈잠수굿〉은 '좀녜굿 · 잠녀굿 · 해녀굿 · 좀수굿' 이라고도 불린다.

〈김녕리 잠수굿〉을 집전하는 문순실 심방.

강정효 사진

제주어 기능인

고봉만 할아버지

물 길러 갔던 아낙들이 오현단 쉼팡에서 얘기를 나누고 있다.
《제주시 50년사》에서 발췌

제주는 언어의 보물창고

언어는 말하는 사람의 느낌이나 생각의 표현이다. 그래서 제주 사람들이 쓰는 제주어에는 제주 사람들의 정신이 반영되어 있다고 할 수 있다.

제주어는 그 어느 지역 언어보다 가치가 크다. 지구촌 시대인 21세기에도 아래아(ㆍ), 반치음(△) 등이 쓰인 중세국어 어휘가 아직도 사용되고 있는 등 제주는 국어학 연구의 귀중한 언어 자료가 산적한 '언어의 보물창고'다. 그럼에도 제주에서는 제주어를 지키기 위한 노력이 부족

한 실정이다.

많은 사람들은 제주어를 '나이든 할머니와 할아버지가 쓰는 말'로 인식하고 있다. 표준어(서울말)보다 덜 세련된 변방의 말로 치부하며 학교 교육에서조차 외면해 왔던 게 사실이다. 제주어 이름도 '제주사투리', '제주방언', '제주말' 등 각양각색으로 불리고 있다. 최근 들어 뜻있는 사람들 사이에서 제주어도 '경기도어', '경상도어', '전라도어'처럼 언어의 하위체계로서의 방언이기 때문에 '제주사투리' 대신 '제주어'로 부르는 게 타당하다는 주장을 펴고 있어 귀 기울여 볼 만하다. 한라문화제 행사 일환으로 열리는 '사투리 말하기 대회'가 '제주어 말하기 대회'로 명칭이 바뀌어야 하는 것도 어쩌면 당연해 보인다.

이런 와중에 제주시가 2002년 1월 4일 '제주어 구사 능력이 뛰어난 사람'을 제주시 무형문화유산으로 지정해 제주어의 가치와 소중함을 인정한 것은 특기할 만한 일이다.

지명에 관심 많은 '제주어 지킴이'

제주시 문화유산 무형문화분야 제2호로 등재된 고봉만(1930년생 · 제주시 건입동) 할아버지. 고봉만 할아버지는 제주도내 70세 이상 할머니 · 할아버지가 그렇듯이 생활 속에서 제주어를 꿋꿋하게 지켜온 산증인이다.

제주시 영평하동이 고향인 할아버지는 해방 후 제주시 건입동으로 이사와 지금까지 살고 있다. 재단법인 고양부 삼성사재단 이사와 이

사장, 건입동 향토문화보존회 부회장과 회장직을 맡는 등 제주의 향토문화 발전에 이바지한 공도 적지 않다.

독학으로 제주도내 곳곳을 두루 살피며 특히 제주의 식물과 지명에 지대한 관심을 쏟아온 할아버지는 왕벚나무와 황근 자생지를 찾아낸 주역이기도 하다. 할아버지가 살고 있는 정원에 제주의 온갖 식물이 자라고 있는 것만 봐도 할아버지의 성격과 관심사를 읽을 수 있다.

《사진으로 엮는 20세기 제주시》에서 재인용

동부두에 있었던 칠머리당(위)과 5·16 이후 미신타파 때 압수된 무구들.

“박정희 정권 때랏주. 5대 악습의 ᄒᆞ나라 해서 칠머리당굿을 못허도록 막는 거야. 어느 날 동장이 개발위원회에 칠머리당굿을 없애야겠다고 허는거라. 그래서 나가 ‘당신네 집에 제사 지내는 것 없애면 우리가 뭐 갖고 살아가느냐’며 다른 방도를 춫아보자(찾아보자)고 헷주. 칠머리당굿을 ‘당제’라 허지 말고 ‘향토문화’라는 이름으로 허자고 해서 지킬 수 잇엇는데 얼마나 다행인지 몰라. 그때 건입동 향토보존회도 구성뒛

← 제주어 기능인 고봉만 할아버지. 김영학 사진

주. 칠머리당은 제주도민 누구나가 산지 뱃머리에 와서 무사고와 안녕과 풍어를 비는 곳이지 단순한 당이 아니라."

미약하나마 건입동의 문화유산과 지명 등 건입동의 역사를 정리해 《건입동지》를 발간한 것을 보람으로 여기는 고봉만 할아버지는 "제주 사람들의 역사를 기록하는 것은 제주 사람들의 생명선을 지키는 일이주." 라며 목소리를 높였다.

제주의 밭, 저마다의 이름 있어

고봉만 할아버지는 특히 지명에 대한 관심이 많다. 제주 지명은 제주 사람들의 삶과 직결되어 있다. 지명 유래를 들여다보면 제주 사람들이 어떤 삶을 살아 왔는지 쉬 짐작할 수 있다는 것이다.

"어렸을 때 쉐(소) 먹이러 다닐 때엿지. 부모님께서 어느 어느 밧(밭) 지경에 가서 쉐를 먹이라고 해. 그때부터 '여기는 무슨 지경', '여기는 무슨 밧' 하면서 지명에 관심을 가졋는데, 그때부터 지명에 애착을 갖게 된 계기가 되엇지. 제주에는 아무리 작은 밧(밭)이라 할지라도 이름이 다 잇어. 예를 들어 영평하동 '임지왓' 은 참기름을 짤 때 나오는 '깻묵', 즉 중간크기의 맷돌만 한 임지를 1000평의 밭과 바꿨다 해서 붙여진 이름이야. '담춘밧' 이라는 특이한 지명도 잇는데 이는 '담을 치워 만든 밭' 이라는 뜻이지. 밧을 일구면서 쌓은 옛 선인들의 노고가 느껴지지 안허는가."

고봉만 할아버지는 "글자가 없던 시대에도 제주 사람들은 의사소통을 했을 것" 이라면서 "고래로부터 이어진 제주의 소중한 문화유산인 제주어를 잘 지켜나가는 것은 이 시대를 살아가는 사람들의 책무" 라고 강조한다.

한국예술문화단체총연합회 제주도연합회 제공

그러면 제주문화의 고갱이인 제주어를 살리는 방도는 무엇일까. 제주어를 옛말 그대로 고집하자는 뜻이 아니라 살려 쓸만한 언어는 되살려 쓰자는 게 할아버지의 생각이다.

말은 쓸모가 없으면 곧 잊혀진다는 고봉만 할아버지는 제주어를 지키기 위해서는 '생활 속에서 쓰는 방법' 밖에 없다고 강조했다. 그 방안으로 할아버지는 제주도내 초등학교부터 대학까지, 학과 시간을 택해 수준별로 제주말만 하는 시간을 가진다거나 정책적으로 '제주말만 쓰는 공간'을 만들어 실행하는 방법을 모색해 볼 것을 주문했다.

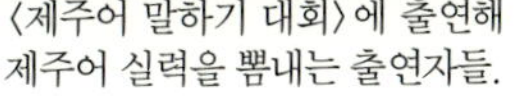

〈제주어 말하기 대회〉에 출연해 제주어 실력을 뽐내는 출연자들.

고봉만 제공

한라산신제 제관으로 참석했던 고봉만 할아버지.(앞줄 왼쪽)

할아버지는 옛 선인들이 생활하면서 만들고 가꿔온 문화유산이 점점 사라지는 것이 큰 걱정이다. 무분별한 도시계획으로 제주인의 정신이 담긴 문화재가 없어지고 문화를 복원하면서 문화가 왜곡되는 것도 차마 볼 수 없어 관계 기관에 궂은 소리도 여러 번 했다고 한다.

그는 또 도시계획 등을 위해 불가피하게 옛 문화를 없애야 할 형편이라면 지금부터라도 그 지역에 어떠어떠한 문화가 있었는지 꼼꼼하게 기록해 후세에 알리고, 사라져 가는 문화를 복원하기 위한 대책을 시급히 마련해야 한다고 목소리를 높였다.

이를테면 멸종 위기에 놓인 식물을 보존하고 복식하기 위해 해발 700~800m 고지에 대체식물원을 조성한다든가, 철새도래지에 새들이 먹을 곡식을 심어놓으면 '새가 오지 않는다'는 탄식을 할 필요가 없다는 것이다.

제주의 문화는 그냥 만들어진 것이 아니다. 고래로부터 우리 선인들이 생활하면서 만들고 가꿔 온 문화유산이다. 화산섬 제주의 돌담 조성 과정을 상상해 보라. 제주 사람들은 생활 속에서 '제주 문화'를 하나씩 엮어 냈다. 그 가운데서도 제주어는 제주인들의 삶과 뿌리가 온전하게 담긴 가장 오래된 문화유산이 아닐까. 제주인의 정신이 담뿍 담긴 제주어가 올곧게 지켜지길 기대해 본다.

(2002. 3. 21.)

● 제주어와 문화재

문화재를 "문화 활동에 의하여 창조된 가치나 뛰어난 물건" 이라고 정의한다면, 응당 유형의 것은 물론이고 무형의 것도 포함된다.

이렇게 볼 때 제주어(방언)는 우리 제주 사람들의 문화가 녹아 면면히 이어지면서 응축된 무형의 문화재임이 틀림없다. 제주어를 말함으로써 제주어가 존재하는 것이며 그렇게 됨으로써 우리 제주문화를 이해할 수 있을 뿐만 아니라 우리의 정신세계를 엿볼 수 있는 기회도 마련된다.

이런 점은 '망명 시인은 시인으로 존재할 수 없다' 는 사실이나, 쉽게는 일본이 우리나라를 지배하고 한글을 말살하려 했던 정책을 떠올린다면 분명 이해가 될 것이다.

나아가 한국 방언사(方言史)에서 볼 때 그 가치가 대단한 것으로 여겨지고 있다는 사실만 염두에 두더라도 제주어는 대단히 값진 것이다. 제주어가 사용되지 않고, 그 결과 존재하지 않는다면 진정한 제주문화나 제주정신은 이미 우리 곁을 떠난 것으로 보아도 좋을 것이다.

제주시가 이런 점을 간파하고 제주어 구사기능인으로 고봉만(高琫萬) 씨를 제주시 문화유산 무형분야 제2호로 지정한 것은 전국에서도 맨 처음이라는 효시의 의미도 의미지만 제주문화와 제주정신을 이어가겠다는 굳건한 의지를 보여준 것임에 틀림없다.

바람이 있다면 진중한 제주어를 어떻게 보존하고 널리 사용하게 하느냐 하는 점이다. 이는 몇 사람의 학자나 뜻있는 몇 분에 의해서는 가능하지가 않다. 모두가 즐겨 쓰는 길밖에 다른 길이 없음을 깊이 깨달았으면 한다.

(강영봉/제주대학교 국어국문학과)

제주어 기능인 고봉만 씨에게 제주어 조사를 하고 있는 제주대 강영봉 교수.

오창명 사진

불미나 불엉 담배나 먹자

송영화 - 불미공예 기능 보유자
신창현 - 허벅장
송종원 - 석공예 명장
장공익 - 석공예 명장

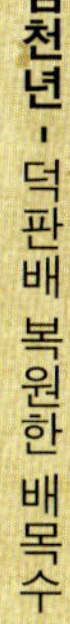

김천년 - 덕판배 복원한 배목수

불미공예 기능 보유자

송영화 할아버지

아아아 에에요
불미나 불엉 담배나 먹자
불미불미 된불미
토종닭이 꼬끼오 울면
동녘 하늘이 동터 나오면
낮의 해는 낭고지 가고
밤의 달은 솟불을 솜곡
요런 일허면 얼마나 받을까
막상 받아야 열두 푼이여
아아아 에에요

— 〈불미 노래〉 중에서

솥과 보섭 만들어 9남매 키워

제주도무형문화재 제7호 '불미 공예' 기능 보유자 송영화 할아버지(1922년 생 · 제주도 남제주군 안덕면 덕수리)는 평생을 '불미(풀무) 대장'으로 산 주물 공예의 산증인이다. 땅 한 뙈기 없이 80년 동안 살아온 할아버지는 열다섯 살에 '불 마당일'을 시작해 평생을 '불미 마당'을 지키고 있다.

솥 바슴을 들고 있는 〈불미공예〉 기능보유자 송영화 할아버지.

강정효 사진

"열다섯 술(살) 때 아버지를 ᄄᆞ라댕기멍(따라다니면서) 불미 일을 배왓어(배웠어). 열싀 술에 어머니가 돌아가시자 아버지를 ᄄᆞ라댕기멍 솟(솥) 불미 · 보섭(보습) 불미를 배왓지(배웠지). 열ᄋᆞ덥 술 때라. ᄒᆞ루는 아버지가 보섭 맨드는(만드는) 시험을 보자고 헤(해). 내가 만든 보섭을 보고 아직은 멀엇다고 허는 거라. 스물(스물한 살) 때 또다시 시험을 봣는디, 그때는 아버지께서 '불미일 헤 먹엉(해 먹으며) 살아도 뒈겟다(되겠다)' 고 허더라고. 그 다음해에 아버지께서 돌아가셧어. 그래서 스물두 술 때부텀 알대장, 보섭대장으로 일헷주(일했지). 일제강점기에는 쒜(쇠)가 귀해 불미 못허게 막앗는디(막았는데), 일허당(일하다) 걸려서(들켜서) ᄋᆢ라(여러) 달 잡혀 들어가기도 헤낫주(했었지)."

솥 바슴에 쇳물을 부어넣는 장면. 제주소프트 사진 ➔

덕수리 〈불미공예〉 재현 행사 때 솥 바슴에 쇳물을 붓는 송영화 할아버지. 제민일보 제공

스물두 살 때부터 불미 마당을 총괄하는 '알대장'이 되었다는 송영화 할아버지. 당시 일꾼들이 일당으로 보습 1개 받을 때 할아버지는 이틀에 11개씩 받았다. 부모님을 일찍 여읜 할아버지는 솥과 보습을 만들어 동생 둘을 결혼시켰고, 슬하의 자식 아홉 명을 별 탈 없이 키웠다. 교통사고로 스물세 살 난 셋째 아들을 저 세상에 보내 가슴에 묻은 것이 한이란다.

할아버지 집안은 8대조가 덕수리에서 300년 넘게 '불일'을 했다.

지금은 할아버지와 함께 '불미 마당'을 지켰던 이 마을 윤문수(1933년 생) 씨가 후보자로, 할아버지의 큰 아들 송해진(1947년 생) 씨가 조교로 명맥을 잇고 있다.

'불미 마당'은 흙 따라 형성

'불미'(풀무)를 하기 위해서는 흙이 좋아야 한다. 때문에 불미 마당은 흙 따라 형성된다. 덕수리에 좋은 불미 마당이 형성된 것도 좋은 흙이 있었기에 가능한 일이다.

"덕수리 황토는 불을 암만 짇어도(때어도) 녹지 아녀(않아). 덕수리에 물통이 멧 개 잇는디(있는데) 혹이(흙이) 좋아. 산방산 옆에 신(있는) 물통은 솟바슴과 보섭 알을 만드는 황토를 파서 굴루히(군 것으로) 생긴 '군물'이지."

〈불미공예〉 기능보유자 송영화 할아버지와 후보 윤문수 씨.

강정효 사진

물통에서 판 황토는 솥과 '보섭'(보습) 틀을 만들 때 사용한다. 보습과 솥은 황토와 보리 까끄라기를 흙에 반죽해 틀을 만들어 햇볕이 잘 드는 곳에서 바싹 말리고 나

강정효 사진

〈불미공예〉 재현행사 때 구워낸 볏(왼쪽)과 보습.

서 1,000~1,200℃ 가마에서 4~5시간 구워낸 후 1,500℃ 둑(용광로)에서 녹인 쇳물을 집어넣어 굳으면 황토를 깨서 완성된 솥과 보습을 꺼내면 된다.

송영화 할아버지는 제주 전역에 솥과 보습 등 물량을 대기 위해 8월 한 철을 제외하고 '불미 일'을 했다고 한다.

"불일허는 사름덜은 술을 잘 마셧어. 나는 담배도 술도 못해 불 마당 술 ᄋᆢ라(여러) 춘이(동이) 내부럿주(내버렸지). 술을 마시지 아녀니까(않으니까) 일꾼덜도 잘 ᄄᆞ라주엇던(따라주었던) 것 닮아(같아). '맹심 허영 잘 베와라'고 늘 강조하던 아버지 말씀대로 살당 보니(살다 보니) 실력도 늘고 신용도 받앗던 것 닮아. 불 마당 오래 다녓다고 기술이 느는 게 아니라. 난 손기술이 이서서(있어서) 많은 식귈(식구를) 밥 멕여(먹여) 살릴 수 이섯던(있었던) 것 닮아."

술을 못 해 마실 수 있었던 술 여러 '춘이'(동이)를 버렸다면서 농담을 섞어가며 불미 일에 대해 자근자근 설명해 주는 송영화 할아버지. 팔순 나이답지 않게 정정한 할아버지는 1년에 한 차례씩 열리는 덕수리 불미 마당 재현 행사에 많은 공을 들인다.

송영화 할아버지(오른쪽)가 〈불미공예〉 재현 행사때 사용할 솥 바슴을 구울 준비를 하고 있다.
제주 소프트 사진

솥과 보습 불미 재현을 위해 9월 한 달을 후보자를 비롯 조교와 함께 꼬박 투자하는 송 할아버지는 한 달 동안 황토를 이겨서 솥 '바슴'과 보습 '알'을 만들어 말려 둔다. 불미 재현 전날 저녁에, 잘 말려 둔 솥 '바슴'과 보습 '알'을 가마에서 구워낸 후 본격적인 행사 날인 덕수리 전통민속 재현 행사 때 용광로에서 녹인 쇳물을 집어넣어 솥과 보습을 만드는 과정을 보여준다.

불미에서 만든 '쉐솟'(무쇠 솥)은 40년 전에 알루미늄 솥이 등장하면서 사라지기 시작하였다. '보섭 불미'는 15년 전까지만 하여도 운

제주 소프트 사진

〈불미공예〉 재현 때 불미질 모습(위)과 바슴에 쇳물을 붓는 장면.

영되었다. 자갈이 많은 밭은 경운기로 갈지 못하기 때문에 쟁기질할 보습이 필요했기 때문이다.

10여 년 전부터 덕수리 민속행사 때 재현시범

지난 1991년 덕수리 전통민속 재현 행사 일환으로 불미공예를 재현한 송영화 할아버지는 1994년부터 매해 10월에 불미 마당 재현 행사 시범을 보이고 있다.

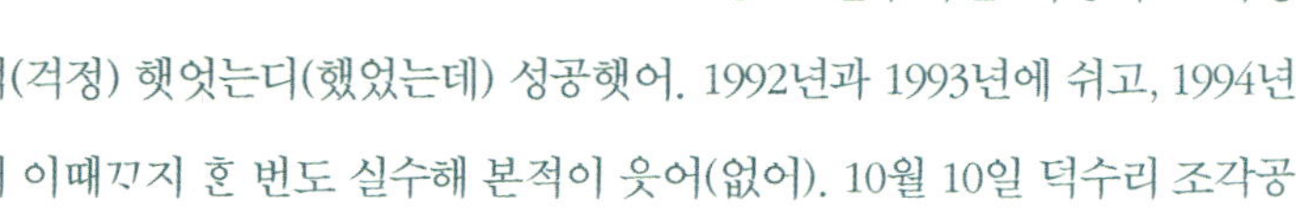

"처음 재현헐 때, 허겟다고 해놓곤 실수허민 어떵허코 허영 꿈쩍(걱정) 햇엇는디(했었는데) 성공햇어. 1992년과 1993년에 쉬고, 1994년부터 이때ㄲ지 혼 번도 실수해 본적이 읏어(없어). 10월 10일 덕수리 조각공원에서 열리는 불미 마당 재현 행사 때 꼭 보레 와."

(2001. 9. 28.)

● 불미 마당에서는?

땅을 파고 살던 섬사람들의 생존 도구인 쟁기에 끼워 쓰는 '보섭'(보습)과 '벳'(볏)은 대부분 '불미 마당'(불 마당 · 풀무간)에서 만들어졌다. 호미와 낫 등 자그마한 도구는 마을 안 풀무(대장간)에서 벼렸지만 보습 등 제조 과정이 복잡한 주물 공예는 불미 마당에서 대량으로 생산하였다.

밥과 국 등 먹을거리를 만들어내는 무쇠 솥은 어떤가. 보습보다 만드는 공정이 더욱 복잡한 솥은 '두 말 떼기'(쌀 두 말치의 밥을 한꺼번에 할 수 있는 솥), '말가웃 떼기'(여섯 되의 쌀을 한꺼번에 밥할 수 있는 솥), '한 말 떼기'(쌀 한말, 즉 4되의 쌀을 한꺼번에 밥할 수 있는 솥), '동자솟'(한 두 그릇의 양의 쌀밥을 할 수 있는 작은 솥) 등 7가지가 있다.

제주에서 쓰였던 대부분의 무쇠 솥과 보습, 볏은 덕수리 불미 마당에서 만들어진 '덕수리 산(產)'이다. 불미 마당은 북제주군 구좌읍 덕천리와 한경면 낙천리 등지에서 있었다고 전해진다. 불미 마당에선 한번 보습을 만들 때면 대장 한 사람이 1,000 개 정도 책임진다. 보습이나 솥을 만들 때 불미 마당에는 20명 정도의 일손이 필요한데, 일이 많을 때는 60~70명이 한꺼번에 일을 하기도 하였다.

불미 마당 주인인 '원대장', 불미 마당을 총괄하는 '알대장', 황토로 솥 틀을 만드는 '바슴대장', 용광로에서 쇠를 녹이는 '둑대장', 쇳물을 받아다가 바슴 구멍으로 쇳물을 넣는 '젯대장', 보섭 틀을 만드는 '질먹대장', 허드렛일을 하는 '일꾼'(달리 '문일꾼'이라고도 한다) 등 불미 마당의 일은 역할 구분이 철저해 일처리가 일사불란하게 이루어졌다. 일당도 역할에 따라 달랐다.

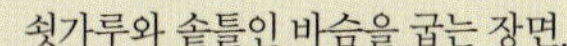
쇳가루와 솥틀인 바슴을 굽는 장면.

제주 소프트 사진

허벅장

신창현 대장

구억리는 전통 있는 도예 마을

"큰 항아리인 춘두미는 곡석(곡식)을 저장헐 때 씨고(쓰고), 샛제비는 세면기로 사용헷어(사용했지). 망데기는 장물(간장) 담고 젓갈 담는데 씨고, 허벅은 물을 졍(져서) 날름(나를) 때 이용허고. 항아리에 곡석을 담아두민(담아두면) 누기(습기)가 차지 아니ᄒᆞ영(않아서) 좋아."

2001년 8월 제주도무형문화재 제14호 '허벅장'으로 지정된 신창현 대장(1939년 생 · 남제주군 대정읍 구억리)은 제주의 전통 기물을 전통 방식 그대로 재현할 수 있는 몇 안 되는 사람이다. 열다섯 살에 도공 일을 시작한 신창현 씨는 이 마을 허벅대장 신봉염에게 혹독한 훈련 속에 200여 종의 옹기를 전수받았다. 열아홉 살에 옹기 가운데서도 가장 만들기 까다로운 '허벅' 제작 기능을 익혀 독립하였다.

홍정표 사진. 《제주 100년》 중에서 재인용

제주의 여인들은 수돗물이 없던 시절 질그릇인 허벅에 물을 져다 음용수로 사용하였다.

신 대장의 집안은 할아버지와 아버지 · 형 모두가 제주 옹기 만드는 일을 했다. 1960년대 플라스틱 그릇이 보급되면서 전통 질그릇의 쓰임새가 적어지자 대장 일을 그만두었다. 그의 나이 서른 살 때인 1969년의 일이다. 잘 나갈 때는 한경면 월광동과 대정읍 신평리 등지에서도 그릇 만드는 일을 했다는 신창현 대장은 지난 1994년 30년간의 공백기를 딛고 제주도예원(원장 강창언)*의 전통도예 재현 행사에 참가한 인연으로 지금은 제주도예원에서 전통 옹기 작업 및 전수에 앞장서고 있다.

* 현 제주도예촌

제주의 질그릇 100% 수공 작업

신 대장의 고향 구억리는 제주의 전통 그릇을 구워내는 전통 있는 도

예 마을이었다. 이 마을에는 '검은굴'과 '노랑굴'이 있었다. 당시 구억리는 80호 정도 되었는데 80% 이상 가구에서 부업으로 질그릇을 구웠다. 이 마을에선 질그릇을 굽는 곳을 '전밧'이라 부른다. '전밧' 일은 대부분 남자들 몫이었다.

김호천 사진

제주도예원 돌가마에서 달궈진 기물들.

"내가 굴(가마) 일을 헐 때 구억리에는 굴이 두 개 잇엇주(있었어). 굴은 제(계)를 맨들앙(만들어) 운영헷는디 그 책임자를 '황시'라고 허여. 마을 사름덜이 굴을 이용헐 때는 순번을 여꺼서(엮어서) 이용료를 내고 굴을 구웟지(구웠지요). 잘 허민 혼 집의서(한 집에서) 1년에 두 굴 정도 구워 냇주(냈지). 날씨가 궂인날(나쁜 날) 걸리민(걸리면) 그릇 망치기가 일쑤야. 때문에 그릇을 맨들 때는 서로 심벡허멍(경쟁하듯) 일을 헤사(해야) 해. 동네 사름끼리 수눌멍(품앗이하면서) 일을 허기도(하기도) 헷지(했지)."

제주의 질그릇 재료는 '질혹'(질흙)이다. 질흙은 황토(붉은 색을 띠는 노랑색) $\frac{1}{3}$과 '고냉이흙'(회색) $\frac{2}{3}$가 잘 섞여 있는 점토층의 흙이다. 구억리는 제주 질그릇 생산지로 유명했지만 질흙이 생산되지 않았다. 흙은 인근 신평리에서 사다 썼다. 흙을 파낸 자리는 논으로도 사용돼 밭주인들은 흙도 폴곡(팔고) 논도 맨들아(만들어) 일석이조의 효과를 보았다는 것이 신 대장의 설명이다.

제주의 질그릇은 100% 수공 작업으로 이뤄진다. 그만큼 힘이 든다는 얘기다. 흙 파오는 작업부터 파온 흙을 물 맞추면서 반죽하는

← 허벅을 만들고 있는 허벅장 신창현 대장. 강정효 사진

제주도예원 돌가마에서 허벅 등 제주의 질그릇을 굽기 위해 불을 때고 있다. 김호천 사진

작업, 그릇 만드는 작업, 질그릇을 구워낼 땔감 작업까지, 모두 사람이 해야 했다. 때문에 흙 파오는 일과 땔감만 해주는 사람도 있었다고 한다.

"그릇을 잘 맨들젠 허믄(만들려고 하면) 혹(흙)이 좋아사 헤(해). 혹이 좋지 아녀믄(않으면) 그릇이 멜싹 주저앚아(주저앉아) 부러(버리지). 그릇을 불에 구우믄 어린 애기 손모냥(마냥) 물랑물랑(물렁물렁) 헤. 혼 굴치의 그릇을 구우젠 허믄 장작만 열두 뭇(한 아름씩 열 두 묶음) 필요허고, 소낭과 가시낭은 엄청 필요허주(필요해). 전밧 일 가운디서(가운데서) 그릇 맨드는 사름광 그릇을 굽는 사름을 최고로 쳐주주(쳐주지)."

12종 그릇 귀때 맞춰 50~60줄씩 구워

도공들이 만드는 그릇도 질서가 있다. 한 굴치의 그릇을 굽기 위해서는 보통 열두 줄의 그릇을 차례로 뒤집어 놓아서 굽는다. 큰항–알통개–허벅–망데기–큰장태–셋제비–개장태–아기망데기–대배기–조막단지–독사발–설단지 등 12종을 한 줄이라 하는데, 그릇을 구울 때는 차례를 잘 지켜 겹쳐서 굽는다. 잘 되면 50~60줄을 건질 수 있다.

질그릇을 굽기 위해 항과 허벅 등을 돌가마인 굴 안에 차곡차곡 재고 있는 모습.

"감귤 깝이(값이) 좋은 땐 구억리에서는 '옹기일 안 허여도 돈 벌어지는 걸' 허는 얘기가 이서서(있었어). 옹기 일은 사름(사람)은 사름대로 얼 먹고(힘이 들고) 돈은 돈 대로 안 뒈니까 나온 애기 닮아(같아)."

질그릇은 보통 상인들이 와서 사 간다. 굴을 구워낼 때처럼 12종의 그릇은 '귀' 맞춰 팔았다. 직접 '구루마'(달구지)에 싣고 동네마다 돌아다니면서 보리와 좁쌀·절간고구마·메밀 등과 바꿨다. 농사일과 질그릇 만드는 일을 '죽게'(죽도록) 해도 생활 형편은 나아지지 않았다. 춘궁기 때 이 마을 사람들은 '감저주시'(전분 만들 때 나오

제주도예원의 잿불질 광경이다.
김호천 사진

는 찌꺼기)도 먹고, '물릇'(무릇)을 삶아서 먹기도 했다. 밀 깎을 때 나온 'ᄀᆞ를'(가루)로 'ᄌᆞ배기'(수제비)를 해서 먹는 등 힘겨운 삶이었다고 회고한다.

"굴에 불을 짇을(땔) 때는 뚬(땀)이 비 지듯(오듯) 허여(해). 그 때 흘린 뚬이 장태로 ᄒᆞ나쯤은 뒐거라(돼). 여름엔 ᄋᆢᇁ(옆)의 얼러뎅기지도(얼씬거리지도) 못헐 정도엿주. 경허연(그래서) 불일 허는 사름덜은 오래 살지 못허는 것 닮아."

그래서인가. 지금 구억리에는 4 · 3사건 피해도 피해지만, 80살 이상의 남자 노인이 한 명밖에 없다. 그릇 만드는 작업은 팔을 이용해 메를 치고 수레차와 조막으로 때리면서 해야 하는 중노동인데다 비스듬히 앉아서 해야 하기 때문에 도공들은 척추가 비뚤어져 추간판탈출증(디스크)으로 이만저만한 고생을 하는 게 아니란다. 신 대장이 지금도 병원 신세를 지는 것도 이 때문이다.

김호천 사진

굴 안에서 고열을 이기지 못하고 쓰러져 깨진 옹기들.

"옛 방식대로 제주 도기 맨들기에 열을 올리는 제주도예원 식구덜을 보믄 놀라와(놀라워). 도기 맨드는 것도 심(힘)에 버친(부친)디 질혹(질흙)과 지들커(땔감) 구허는 심든(힘든) 작업을 젊은 사름덜이 다 허는 걸 보면 마음이 아파. 그래서 제주 전통옹기의 맥을 잇기 위해선 당국의 지원이 절대적으로 필요헌 게 아닌가 네겨(여겨)."

신 대장이 왜 이런 걱정을 해야 하는지 조금은 이해할 수 있을 것 같다. 제주전통옹기를 지키는 일은 무형문화재와 관심있는 사람뿐만 아니라 도민 모두가 관심가져야 할 일이다. 제주의 전통옹기는 제주사람의 숨결이 깃든 문화유산이기 때문이다.

(2001. 11. 23.)

●제주 전통도기 어떻게 만드나

제주 전통도기(옹기)는 '굴' 이라고 불리는 가마(窯)에서 구워낸다. 질흙(점토 · 태토)을 이용해 100% 수공으로 만든다.

1,100℃가 넘는 '노랑굴' 과 1,000℃ 내의 '검은굴' 에서 구워낸다. 노랑굴의 기물들은 표면이 자연유가 발색되도록 하고 내면은 붉은빛이 감도는 깨끗한 상태로 유지한다. 불길에 의해 자연과 조화된 표면의 '자연유' 가 제주 도기의 특징이다. 제주 도기를 두고 '숨쉬는 옹기' 라고 하는 것도 이 때문이다.

제주의 옹기대장들이 자유분방하게 그려낸 '보로롱' 문양과 질박함은 제주 전통도기만의 특징이다. 철이나 자기가 생산되지 않았던 제주에서는 진흙을 이용하여 일반적인 식기에서 벼루까지 생활 기물(器物) 대부분을 만들어 사용하였다.

제주도예원이 조사한 도기는 100종이 넘는다. '시리(시루) · 고소리 · 장태 · 춘두미 · 쌀독 · 술독 · 단지 · 오줌항 · 등잔 · 약탕관 · 재떨이 · 화리(화로)' 등등. '허벅' 종류만도 '허벅 · 대배기 · 바릇허벅 · 지새허벅 · 지새대배기등덜기 · 허벅방생이 · 허벅능생이' 등 36종이나 된다.

제주 전통도기는 태토를 파오는 작업부터 시작된다. 흙을 파다가 '옆메', '좃매' 등으로 내려치면서 불순물을 제거하고, 도기를 만들 만큼씩 '토래미' 를 지어 두었다가 물레 위에서 '수레착' 과 '조막' 으로 치면서 통개도 만들고, 허벅도 만들고, 장태도 만든다. 그런 연후에 그늘에서 표면이 하얗게 말린 후 한 굴치(12종 한 줄 · 50줄)의 그릇을 굴속에 들여놔 굴 밖에서 장작과 가시나무로 불을 때면서 구워낸다.

신창현 대장이 허벅을 굽기 전 건조과정에 들어간 허벅을 들어 보이고 있다.

석공예 명장

송종원 씨

무생물의 돌에 생명력 부여

'탁 탁 탁 탁.' 석공예 명장 제주 1호 송종원 씨(1934년 생 · 제주시 아라동 2344)의 작업장에서는 망치질 소리가 끊이지 않는다. 제주의 거친 현무암에 정을 대고 망치질을 하는 송 씨의 손놀림은 무생물의 돌에 생명의 혼을 불어넣는 작업이다.

돌 작업 40년. 돌을 이용해 '돌하르방'을 만들고, 물 붓는 여인상을 만들고, 잠녀상을 조각하고. 외곬으로 투박하고 볼품없던 돌을 매만져 생명력을 불어넣는 그의 돌 작업은 제주의 상징물로 우뚝 선 '되

살아난 돌하르방'의 역사와 맞닿아 있다.

제주목, 대정현, 정의현의 성문 입구에 세워져 수문장 역할을 했던 돌하르방을 도내 처음으로 모조해 상품화한 그는 돌하르방을 제주의 상징물로 우뚝 일으켜 세운 주인공이다. 지금은 대부분의 석재사에서 돌하르방 모조품을 만들어 상품화하고 있지만, 송씨가 제주시 남문을 지켰던 돌하르방을 눈과 마음에 새겨 '속돌'로 표현해 본 게 돌하르방 모조의 시작이다.

국립중앙박물관 소장, 《제주 100년》에서 재인용

제주성을 지키던 돌하르방.

송 씨가 처음 돌 작업을 위해 망치를 잡은 것은 1963년 10월. 속돌을 주워다 '웨못'(쇠로 만들어진 큰 못)을 벼려 3일 걸려 25㎝ 크기의 돌하르방을 만든 것이 1호 모조품이다.

그런 그가 돌하르방과 인연을 맺은 것은 민구류와 민요 수집을 하던 친구인 민속학자 진성기 씨를 도와주면서다. 특히 돌 민구류에 애정이 가더라는 그는 이후 친구를 도와 다니면서 봐두었던 제주목 돌하르방을, '속돌'로 모조품을 만들어 본 후 돌 민예품 개발에 매달렸다. 돌하르방 · 물 붓는 여인상 · 잠녀좌상 · 관음보살상 · 마리아상 · 정의의 여신상 · 불상 · 사색상 · 독서상 · 사자상 등등. 그의 돌 작업은 이렇듯 쉼 없이 이루어졌다.

돌 민예품 개발에 매달렸던 그는 1968년부터 돌 재료를 다공질 현

◀ 석공예 명장 송종원 씨가 돌하르방을 만들고 있다. 김순자 사진

무암으로 바꿨다. 다공질 현무암은 조각하기는 힘들어도 돌을 쪼고 다듬는 매력은 더 크다고 한다.

가문에 누가 될까 돌 작업 '쉬쉬'

《만농 홍정표 선생 사진집 - 제주사람들의 삶》에서 재인용

대정현에 세워졌던 돌하르방.

그의 돌 작업이 세상에 알려진 것은 돌 작업 5년만인 1969년 4월. 당시로서는 대학 나와 돌일을 한다는 것은 '미친 놈'이나 하는 짓으로 취급할 때라 그는 '가문에 누가 될까' 한동안 신문 취재에도 응하지 않았다.

"부모님께서는 대학(제주대학 영문학과 졸업)까지 나온 아들이 '돌일'을 하는 것을 못마땅하게 생각했어요. 번듯한 직장 얻어서 편안한 생활을 바랐는데 '돌일'을 하겠다고 했으니 얼마나 기가 찼겠어요. 가족의 완강한 반대도 반대지만, 가문에 누가 될까봐 두려움도 많았습니다."

그러나 그는 시간이 흐르고 돌 소품이 500여 점 넘어가자 더 이상 취재를 거부할 수 없어 응하였다. 기사가 나가자 제주 사회는 떠들썩하였다고 한다.

송 씨가 지금까지 개발한 돌 민예품은 50종이 넘는다. 1971년 10월

송종원 씨가 돌하르방 조형물을 만들고 있다. 김순자 사진

제1회 전국관광민예품 경진대회에서 돌하르방 모작을 출품, 특선을 받은 것을 비롯해 관광민예품 경진대회 지방 예선에서 돌로 만든 벽시계 · 석등 · 하르방 · 벽걸이 · 물허벅상 · 잠녀 등을 출품하여 3차례의 최우수상을 받는 등 20여 차례나 입상하였으니, 그의 돌 조형 실력이 어느 정도인지 짐작이 간다.

그의 예술혼이 담긴 돌 조형물은 도내 · 외는 물론 해외까지 전파되고 있다. 한국산업인력관리공단은 지난 1991년 그의 돌 조각술과 예술성을 인정해 제주에서는 처음, 전국에서 네 번째로 '대한민국 석

김영훈 사진

석공예 명장 송종원 씨가 제작한 돌하르방. 제주도청 정문 왼쪽에 서 있는 하르방이다.

공예 명장'으로 지정했다.

그가 만든 돌하르방은 제주도청을 비롯해 농촌진흥원 · 중문관광단지 · 현대빌딩 입구에 세워져 있을 뿐 아니라 전국 각지는 물론 일본 · 중국 · 미국 · 프랑스에까지 나가 있다. 돌하르방뿐만 아니라 물허벅상 등 각종 환경 조형물이 도 · 내외 곳곳에 설치되어 관람객들의 이목을 집중시키고 있다. 제주여자상업고등학교에 세워진 독서상과 제주MBC 외벽부조 '탐라여명', 제주시 충혼탑과 서귀포시 충혼탑 부조, 제주대학교 도서관 십장생도부조, 조천 만세동산 애국선열위령탑 부조 일부 등도 그의 손길이 닿아 탄생한 돌 조형물이다. 이처럼 숱한 돌 작품을 남겼지만 그는 자신의 이름을 내세우는 데는 엄격하면서도 인색했다. 돌 작업 4년만인 1968년 개최된 한라문화제 때 처음 돌하르방과 물허벅상 등 35점을 갖고 전시회를 가진 것이 유일하다. 돌 조각을 하면서 겪었던 일화 하나다.

"MBC 외벽 대형 부조 〈탐라여명〉 작품을 할 때 일입니다. 돌 500여 덩이를 붙여 돌을 짜고 밑그림을 그리고 정질을 하는데 '정'도, 전동공구도, 절삭기도 받아주질 않는 거예요. 5일 동안 전전긍긍하다가 '내가 대작을 하면서 너무 경솔했구나' 싶어 깊이 참회하고, 맑은 정신으로 작업에 임했더니

김영훈 사진

송종원이 제작한 제주MBC 외벽 부조 〈탐라여명〉.

신기하게도 '정'도 잘 받아주어 순탄하게 작업을 할 수 있었습니다."

송 씨는 그때 겪었던 일을 교훈 삼아 항상 성실하고 겸허한 자세로 돌 작품에 임하고 있단다. 그래서일까. 40년 동안 해온 일이 돌 작업이지만, 새로운 작품을 할 때마다 생경한 느낌이 들어 언제나 새로운 마음가짐으로 작업을 하고 있다고 한다.

돌 구하는 일도 만만치 않아

하지만 작업 못지않게 어려운 일이 돌 구하는 작업이다. 왜냐하면

석공예 도구. 김순자 사진

제주 섬에는 지천에 깔린 것이 돌이라지만 돌하르방 만들기에 적합한 돌은 귀하기 때문이다. 돌산이 없는 데다 돌이 단단해 조각할 만한 돌을 찾기가 쉽지 않은 것이다. 계곡과 하천의 돌이 가장 좋은데 이 곳의 돌은 자연보호 차원에서 채취할 수 없어 땅 속에 묻혀 있는 돌을 이용한다. 게다가 땅 속은 석층이 깊지 않아 제대로 된 돌 구하기가 힘들다는 것이다.

돌하르방을 만들기 위해서는, 가장 먼저 '돌 선별'을 한다. 돌을 고르고 나면 알맞은 규격으로 할석하여 만들고 싶은 돌하르방 치수를 잡아 불필요한 부분은 그라인더로 잘라내는 '떨어내기' 작업을 한다. 그

다음에 만들고 싶은 형태를 유념하면서 '거친 다듬' 을 하고, '정 잔 다듬' 작업을 거쳐 완성품을 만들어낸다. 즉, 돌하르방을 완정하기 위해서는 '돌 구하기→떨어내기→거친 다듬→정 잔 다듬' 의 공정을 거쳐야 하는 것이다.

송종원 씨의 대를 잇는 송창훈이 제작한 송당리 소천국하르방과 백주또 할망상.

조각은 높은 데서 낮은 곳으로 다듬어 가는 것이 원칙이다. 돌의 속성상 한 번 잘못 쪼면 보완할 수 없기 때문에 돌을 조심히 다루어야 한다. 돌하르방 조형물은 2차, 3차의 '거친 작업'을 한 후 섬세한 교정, 보완 작업을 거쳐야 원하는 작품을 얻을 수 있다고 한다.

고생을 시킨 아내에게 미안하지만 정작 자신의 일에 대해선 후회해 본 적이 없다는 석공예 명장 송종원 씨. 돌과 더불어 40년 외길을 걸어왔다는 송 씨는 '제주 상징 1호 토산품' 돌하르방 조형물이 국내외로 제주도를 알리는 견인차 역할을 하고 있다는 자부심에 보람도 크다며 함빡 웃는다.

체력이 허락하는 한 앞으로도 좋은 작품을 만들려고 노력하겠다는 송 씨는 장남 송창훈 씨(제주도미술대전 조각부문 대상 작가)가 인정받는 돌 조각가의 길을 가고 있어 든든하기만 하다. 석공예 명장 송종원 씨를 만나고 난 후 가장 먼저 떠오르는 단어는 '부전자전' 이었다.

(2004. 1.)

● 석공이란?

천년의 세월 속에서도 끄덕하지 않은 돌은 인류의 형성과 함께 인간의 삶의 수단이자 방패였다. 우리네 인간들은 돌을 이용해 먹을거리를 채취하고, 사냥을 하고, 부싯돌을 쳐서 불을 만들어 사용했다.

인류 문명이 발달하면서 돌을 다루는 인간의 능력도 발달해 갔다. 선사와 역사 시대를 산 우리 선인들이 남긴 숱한 돌 문화는 돌을 이용한 선인들의 지혜를 엿볼 수 있는 유산으로, 인류의 역사와 함께 했다.
돌은 단순한 생활 도구에 그치지 않았다. 인간과 영혼의 집을 만드는 데 쓰였고, 돌하르방과 동자석, 미륵 등 신앙의 대상으로, 놀이 기구로 인간의 생활 속에 켜켜이 녹아들었다. 이렇듯 우리네 선인들의 영혼이 깃들어 있는 숱한 돌 문화는 인고의 세월을 거쳐 묵묵히 우리 곁을 지키며 지난 세월을 증거하고 있다.

이런 돌 문화는 그냥 만들어지는 것이 아니다. 돌을 다루는 사람들이 있었기에 가능했다. 이렇게 돌을 다루는 사람을 두고 '석공' 이라 한다. 지금은 석공에게 '장인' 이라 하여 대접(?)을 하지만, 얼마 전까지만 해도 '돌챙이' 라 하여 홀대를 받아왔다. 그러나 이런 내면의 고통을 겪으면서 묵묵히 한길을 걸어온 석공들이 있었기에 빛나는 돌 문화유산이 오늘날까지 남겨진 것이리라.

석공(石工)은 말 그대로 '돌장이' 를 말한다. '돌자귀' 와 '돌메' 를 이용하여 돌담을 쌓고, 정과 망치로 돌을 깎아 '돌하르방' 을 만들고, '동자석' 을 만들고, '돌도고리' 를 만들어 냈다. 이들 유물들은 석공들의 숙련된 기술 외에도 그들만의 돌을 다루는 비결과 넘치는 예술혼이 결집된 유산일 것이다. 제주목, 정의현, 대정현 성문 입구에 세워졌던 대표적인 상징 석조물인 돌하르방도 그렇게 탄생한 것이다.

석공들이 돌 작업을 할 때 가장 기본적으로 쓰는 공구는 '정' 과 '망치' 다. '정' 은 돌을 다듬는 데 쓰는 연장으로 타격용 도구인 '망치' 없이는 쓸모가 없다. 때문에 석공들에게 '정' 과 '망치' 는 떼려야 뗄 수 없는 불가분의 관계다.
'망치' 도 '평날 망치' 와 '양날 망치' 등 용도에 따라 그 모양이 다르다. 큰 돌을 할석할 때는 '망치' 보다 큰 '메' 를 이용하는데 V자 꼴로 만든 '쐐기' 가 필요하다.

돌 조형물의 마무리 작업을 할 때는 '도드락망치' 를 이용하기도 한다. '도드락망치' 는 '정' 으로 다듬기 한 위에 다시 다듬기할 때 쓰는 망치로, 네모진 날에 여러 개의 이빨이 달려 있다. 시중에 나와 있는 '도드락망치' 는 이빨이 9개, 16개, 25개, 36개짜리가 있는데 수공구용과 전동공구용이 있다.

이밖에 전동공구로 절착기를 사용하며, 무거운 돌을 세우고 눕힐 때 사용하는 삼각대와 체인 블럭 등이 필요하다.

'정' 과 '망치', '메' 와 '쐐기' 등 단순한 연장으로 혼을 담아 석공들의 숙련된 기술로 만들어 낸 돌하르방 · 동자석 · 미륵 · 돌집 · 돌담 등 생명력 넘치는 돌 문화유산은 제주 문화의 고갱이다.

한 남정네가 바윗돌을 떼어내고 있다. 1960년대.

홍정표 사진, 제주대 박물관 소장

석공예 명장

장공익 할아버지

제주 돌 문화 기록하는 '돌하르방'

제주도 북제주군 한림읍 금능리 금능석물원 주인 장공익 할아버지(1931년 생)는 평생을 정과 망치를 갖고 돌과 더불어 '돌 인생'을 살아온 장인이다. 할아버지의 땅과 군유지 등을 포함해 9,000여 평에 조성된 금능석물원 곳곳은 돌과 함께 생활해온 할아버지 돌 인생이 고스란히 스며 있다.

지난 1993년 한국산업인력공단 지정 대한민국 석공예 명장(明匠)이 된 장공익 할아버지는 어렸을 때부터 돌 다루는 솜씨가 여간하지

석공예 명장 장공익 할아버지가 만든 금능석물원에 세워진 소와 테우리 조형물.

않았다. 온갖 민예품 경진대회에 '돌 작품'을 출품하면 거의 다 수상작으로 뽑힐 정도로 돌에 관한 한 달인이다.

북제주군 한림읍 상대리가 고향인 할아버지는 어렸을 때 돌을 갖고 조각하는 것을 좋아했다고 한다. 상대리에만 있는 '속돌'(돌의 성질이 부드러운, 회색빛을 띠는 돌)을 갖고 '향돌'(돌로 만든 향로)을 장난삼아 만들었던 기억을 살려 '돌하르방'도 만들고 '잠녀상'도 만들었다.

할아버지는 아버지를 일찍 여의고 홀어머니를 모시고 손아래 누이와 셋이서 힘겨운 생활을 했다. 누이도 마흔 살 못 돼 세상을 떠나 버려 할아버지의 인생살이는 외롭고도 고단하기만 하였다. 그러나 부지런하고 손 솜씨가 뛰어난 어머니의 대를 물려받은 할아버지는 험한 삶을 꾸리기 위해 어렸을 때부터 모진 고생을 했다. 열네 살 때는 한밤중에 2,000평의 밭을 혼자 갈았던 적도 있다. 할아버지의 부지런함은 소문날 정도다. 그런 부지런함은 지금도 이어진다. 4·3사건으로 마을이 흩어지자 어머니의 고향 한수리로 이사가서 생활하였고, 군 생활을 마친 뒤에는 줄곧 '손 솜씨'로 살아왔다.

"군대를 제대해 보니 집안에는 빚더미만 잔뜩 쌓여 잇엇지. 나만 믿고 살

돌하르방을 제작하고 있는 석공예 명장 장공익 할아버지. 조성익 사진 ➔

앗던 모친님도 빗만 잔뜩 남긴 채 돌아가셧어. 살길이 막막헷지만 빗을 갚기 위해 열심히 민예품 멘드는(만드는) 일을 헷주. 새로운 것을 멘들어내민 놈(남)들이 ᄯᅡ라허고(따라하고), 또 멘들민 또 모방해 버려. 다른 사름덜이 ᄯᅡ라 허지 못허는 것이 돌하르방 멘드는 일이엇지. 그때가 스물일곱 술(살)이니 40년 넘게 돌하르방 멘드는 일을 해 왓네."

어머니께서 남긴 빚 '생활의 자산'

할아버지는 어머니가 남긴 빚이 오늘날 자신의 솜씨를 발휘할 수 있는 자산이 된 것 같다고 하였다. 서른 살 때 현재 살고 있는 금능리로 이사와 돈벌이를 위해 온갖 재주를 부렸다. '손' 기술이 있었던 할아버지는 파이프 · 재떨이 · 돌하르방 등 '돈벌이'가 될 수 있는 온갖 기념품을 만들면서 생계를 꾸려 나갔다. 지금은 제주만의 돌 문화를 남기기 위해 여생을 바치고 있다.

금능석물원에 세워진 돌조형물.

김영훈 사진

"우리 집에 와서 돌하르방 기술을 베와간(배워간) 사름(사람)만 60명이 넘어. 지금은 20여 명이 돌 일을 허는디 5~6명이 돌하르방 소품을 만들고 이서. 나도 처음에는 35㎝ 미만의

장공익 씨가 금능석물원에 세운 선문대할망과 오백아들. 김영훈 사진

소품 위주로 돌하르방을 멘들앗어. 너도나도 돌하르방 소품을 멘드니까 '나만 헐 수 이신' 게 뭔가 생각허다가 1970년도부터 제주 현무암을 갖고 1m 이상된 '키 큰' 돌하르방을 멘들암주(만들고 있지)."

155㎝ 자그마한 체구의 장공익 할아버지는 자신의 키 2~3배 되는 돌을 갖고도 정과 망치만 들면 어떤 작품도 만들어 낸다. 제주의 전통 돌하르방은 물론 마리아상·불상, 각양각색의 인물상과 동물상 등 할아버지의 손이 들어간 것은 예술품 아닌 것이 없다. 할아버지의 작업장이자 할아버지 인생이 담긴 금능석물원은 돌 조각에 대한 할

금능석물원에 조성한 돌하르방.
김영훈 사진

아버지의 애정이 어느 정도인지 짐작케 해준다. 현재 이곳은 많은 사람들이 즐겨 찾는 관광지가 되었다.

어머니 "이루후제 손 솜씨 남긴다" 예언

장공익 할아버지는 "어머니가 돌아가실 때 했던 '너는 이루후제(나중에) 손 솜씨를 남길 거여.' 라는 말이 맞아 떨어진 것 닮아. 이는 모두 모친님이 물려준 손 솜씨와 부지런함 덕이라." 라며 모든 공을 어머니께 돌린다.

할아버지는 지금까지 10만 개 이상의 돌하르방을 제작했다. 제주인의 진솔한 멋이 담긴 돌하르방이 '제주의 상징'으로 도내·외는 물론 세계 각처로 퍼져나가는 것이 할아버지의 보람이다. 할아버지는 구소련 고르바초프 대통령, 몽골 오치르바트 대통령 등에게 직접 돌하르방을 선물하기도 했다.

"금능석물원은 내가 멘든 돌 작품덜 가운데 납품허지 못헌 것을 하나 둘 배치허당 보니까 멘들아진거주(만들어진 거야). 돌 조각 구경허는 사름이 흔 명 두 명 늘면서 이들을 위해 석물원 조성에도 심(힘)을 씨고(쓰고) 잇지(있지)."

돌 작품이 지루할까봐 할아버지 고향 상대리 마을의 초가를 본따서 자그마한 초가 7동도 지었고, 답(방사탑)도 세웠다. 어렸을 때 보고 느꼈던 제주의 옛 모습으로 석물원을 실감나게 꾸미는 게 장 할아버지의 소망이다.

익살스런 돌조형물.

김영훈 사진

"제주의 문화는 육지 문화와는 판이허게 달르주(다르주). 숟가락·쟁기·토기 등…. 제주 것은 다른 지역 것과 달라도 뭔가 달라. 내가 재현할 돌 문화와 초가 등은 내가 어렸을 때부터

조성익 사진

석공예 명장 장공익 할아버지.

보고 느꼈던 것을 형상화한 것으로 '나만의 것'이지. 요즘 '제주 것'이라고 내놓는 상당수 돌하르방이나 초가를 보민(보면) 겉은 제주지만 속으로 들어가면 육지 색을 띤 것들이 너무 하(많아)."

일하는 시간이 가장 즐거워

석물원 한 귀퉁이에서 돌가루를 뒤집어쓴 채 망치질을 하고, 정을 쪼며 조각품을 만들어내는 모습이 어느새 관광자원이 되더라는 장 할아버지. 칠순을 넘긴 나이지만 "내가 앞으로 멘들아야 할 작품이 머리에 꽉 차 잇어. 내일은 무엇을 멘들아야겟다고 생각허민 가슴이 막 뛰어. 일허는 시간이 가장 즐겁지. '예술이 즐겁다'는 게 이런 것인가?" 하고 되묻는다.

오늘 할 일은 내일로 미루는 법이 없다는 할아버지는 시간 날 때는 자동차를 타고 주변 지역을 20~30㎞ 달리며 생각하는 것을 좋아한다. 비가 와 나들이를 가다가도 비가 그치면 되돌아와서 어느새 정과 망치를 든다.

두 번의 뇌 수술과 위 수술 등 대수술에도 정정한 것은 '정신이 건강'하기 때문이란다. 정신만 바짝 차리면 못할 게 없다는 할아버지.

석공에 명장 장공익 할아버지는 대를 잇는 둘째 아들 운봉 씨가 있어 든든하기만 하다. 김영훈 사진

12남매 중 유일하게 누이가 서른 중반까지 살았고, 나머지는 어렸을 때 세상을 떠나 외롭게 살았다는 장 할아버지. 그래서인가. 할아버지는 자식 5남매와 조카 내외까지 석물원 안에 불러다 오순도순 행복하게 살고 있다. 할아버지 품에 안긴 가족들의 모습을 하나의 돌에 새겨 세우는 게 마지막 할 일이라고 귀띔했다.

할아버지의 대를 이어 둘째 아들 장운봉(1967년 생) 씨가 돌 작업을 하고 있다. "돈에 집착하지 말자.", "남들보다 열심히 살자."고 다짐한다는 할아버지의 좌우명을 들으면서 글쓴이도 열심히 살아야겠다고 다짐해 본다. 정과 망치를 들고 제주의 돌 문화를 기록하러 떠나는 할아버지 뒷모습이 어쩜 그리도 커 보일까.

(2001. 12. 7.)

● 제주의 돌하르방은?

돌하르방은 투박하지만 까무러치지 않는 제주인의 성정을 닮았다. '돌의 고장' 제주의 자존을 높여주는 지킴이로, 제주인 곁에서 늘 함께 하고 있다. 제주의 돌 문화유산 가운데 돌하르방을 으뜸으로 치는 것도 이런 상징성 때문이다.

돌하르방은 말 그대로 '돌 할아버지' 라는 뜻이다. 구멍 숭숭 뚫린 현무암으로 만들어진 돌하르방. 누가, 언제, 어디에, 왜 세웠는지는 몰라도 제주인들의 심성 속에 오롯이 담겨있는 문화유산이다.

돌하르방 관련 문헌자료를 찾아보면 헌종 14년 (1848년, 戊申) 3월부터 철종 1년(1850년, 庚戌) 6월까지 제주방어사로 왔던 장인식의 《탐라지(耽羅誌)》(동경대 소장)와 제주출신 김석익(1885~1956)이 쓴 《탐라기년(耽羅紀年)》, 담수계(淡水契)에서 펴낸 《탐라지(耽羅誌)》 등이 있다.

장인식의 《탐라지》 선생록(先生錄)에 소개된, "金夢煃[壬申十一月到新設偶形石於城門~" 이라는 기록이 돌하르방에 관련한 첫 기록이다. 김몽규는 영조 28년(1752년, 壬申) 11월, 제주목사로 도임해, 목사 재임시절에 성문 밖에 '우형석', 즉 돌하르방을 새로 세웠음을 알 수 있다.

김석익의 《탐라기년》에는 "牧使金夢煃設翁仲石於城門外", 담수계에서 펴낸 《탐라지》에는 "翁仲石~濟州邑城東西南 三門外 등에 在하였고…." 라는 기록이 있어 돌하르방에 대한 이해를 돕고 있다.
위의 기록을 종합해 보면, 돌하르방은 김몽규 목사 이전부터 세워졌다. 제주지역 행정구역을 제주목(濟州牧), 정의현(旌義縣), 대정현(大靜縣)의 셋으로 나눈 1416~1914년까지 세 성의 동(東) · 서(西) · 남(南)문 입구에 쌍쌍으로 세워졌고, 이름도 조선시대에는 돌하르방이 아닌, '우형석' 또는 '옹중석' 이라고 불렸음을 추측해 볼 수 있다.

관련학계에 따르면 돌하르방은 해방 전후 도민들 사이에서 장난삼아(?) 부르던 이름인데, 1971년 8월 26일 제주도문화재위원회에서 제주민속자료 2호로 지정하면서 갑론을박 끝에 공식적인 문화재로 등재됐다는 것이다. 이런 일화를 들추지 않더라도 문헌자료만으로도 돌하르방은 원래 있었던 석상 이름이 아닌 것만은 분명하다.

돌하르방은 제주목 동(東) · 서(西) · 남(南)문 세 곳의 성문에 4쌍 8기씩 24기가, 정의현과 대정현은 2쌍 4기씩 각 3곳에 12기씩 24기가 설치돼 고을 문지기 역할을 했던 것으로 추정된다. 그러나 현재 남아있는 돌하르방은 47기로 제주목 돌하르방 1기가 오리무중 상태다. 돌하

제주목 돌하르방.

홍정표 사진. 제주대 박물관 소장

정의현 돌하르방.

홍정표 사진, 제주대 박물관 소장

르방 중 제주목 돌하르방은 성곽이 헐리고, 시가지가 개발되면서 모두 본래의 자리에서 옮겨졌다. 현재 남아 있는 제주목 돌하르방은 모두 23기. 관덕정에 4기, 제주대학 4기, 삼성혈 4기, 제주도민속자연사박물관 2기, 제주시청 2기, 제주국제공항 2기, KBS제주방송총국 2기, 목석원 1기 등 제주시내 21기와 한국민속박물관에 2기가 옮겨 가 있다.

정의현 돌하르방은 동 · 서 · 남문에 각각 4기씩 12기, 대정현 돌하르방은 대정성이 있던 추사적거지 등 보성리에 9기, 인성리에 3기 등 12기가 남아 있다. 제주목 돌하르방과 달리 정의현과 대정현 돌하르방은 본래 위치에 서 있거나 그 가까이에 서 있어 영욕의 세월을 증거하고 있다.

그러나 위의 문헌자료도 돌하르방이 왜 제작됐고, 몇 개씩 세워졌는지는 밝힐 수 없다. 현재 남아있는 돌하르방과 주민들의 증언, 석상의 기능 등을 토대로 돌하르방의 기능과 주민들에게 어떤 영향을 끼치며 오늘에 이르렀는지 유추해 볼 뿐이다.

민속학자 김영돈 박사(작고)는 1968년《제주도의 석상(石像)과 석구(石具)》(문화재관리국)를 집필하면서 제주, 정의, 대정 고을 주민을 대상으로 돌하르방을 조사한 적이 있다. 김 박사의 조사내용에 따르면, 지역민들 사이에 뿌리내린 명칭은 돌하르방이 아니라 '우석목', '벅수머리', '무석목' 이다. '우성목' 은 제주목에서 주로 불렀고, '무성목' 은 대정현과 정의현, '벅수머리' 는 정의현에서만 불리며 주민들 삶의 방법에 큰 영향을 끼쳤다는 것이다.

또한 성문 앞에 의젓하게 서 있던 돌하르방은 성문을 지키는 수호신적 구실을 했거나 수문장 역할을 했다. 방사탑처럼 마을의 사악한 기운을 막거나 전란이 일어나지 않기를 바라는 주술종교적인 의미, 그리고 성문 밖에 세워 성안과 밖의 경계를 구분하거나 주현청 소재지의 위치를 확인시켜주는 표지 기능을 했다. 돌하르방에 대한 도민들의 이런 관념은 예로부터 오늘날까지 전해져 돌하르방이 제주도의 새로운 상징물로 자리잡았다고 할 수 있다.

돌하르방은 제주목과 정의현, 대정현 3개 지역마다 고유한 조형적 특색을 지니고 있다. 제주목 돌하르방은 비뚤어지게 쓴 감투와 뭉툭한 눈매, 쳐든 얼굴 등에서는 무인의 호방한 위엄이 서려 있고, 정의현 돌하르방은 날카로운 듯하면서도 단정한 모습이, 대정현 돌하르방은 소탈하면서도 나부죽하고 해학적인 모습이 정감이 간다는 것이 연구자들의 평가다.

대정현 돌하르방.

홍정표 사진, 제주대 박물관 소장

덕판배 복원한 배목수

김천년 할아버지

평생 배 짓고 고치는 '배 목수'로 살아

사면이 바다로 둘러싸인 제주 섬. 바닷가를 끼고 사는 섬사람들에게 바다는 생명의 터전이나 다름없다. 여성들은 '테왁'에 의지해 물질을 하고, 남성들은 배를 타고 나가 고기를 잡아 생명을 부지해 나갔다. 제주도 남제주군 성산읍 시흥리 김천년(1924년 생) 할아버지는 섬사람들의 고기잡이를 위해 평생 배를 만들고, 수리를 도맡아 해온 제주의 마지막 '조선공'(造船工)이다.

제주도 북제주군 구좌읍 세화리 합정동이 고향인 김천년 할아버지

김천년 할아버지가 오조리 마을 어촌계 조선소에서 아들의 일을 돕고 있다. 조성익 사진

는 우도에서 태어났다. 두 살 때 배 사고로 아버지를 여읜 후 어머니와 찌들게 가난한 생활을 하다 열여섯 살에 우도에서 배를 만들던 김태규 씨 집안에 '장남'(일꾼)으로 들어갔다. 소 먹이는 일과 배를 만드는 김 씨의 잔일을 도우면서 열일곱 살까지 어깨 너머로 배 만드는 법을 익힌 그는 '돈을 벌기 위해' 일본행을 감행했다. 일본 시모노세키 조선소에서 일을 했던 김천년 할아버지는 '조선놈'이란 놀림 속에서도, 고향에서 어머니가 위독하다는 소식을 접할 때까지 묵묵히 배 만드는 기술을 배웠다.

"어머니께서 위독허다는 소식을 듣고 고향에 왓주(왔지). 고향엘 돌아왕 보니 어머니께서 이미 호열자로 숨을 거둔 상태엿어. 일본에서 왜선 건조허는 일을 베와 왕(배워 와서) 스무 술(살)부터 고향에서 베(배) 멘드는(만드는) 일을 헌 게 지금ᄁᆞ지주(지금까지야)."

평생을 배를 짓고 고치는 '배 목수'로 산 그는 배 짓는 목수만 40명을 거느려 일할 정도로 잘 나갈 때도 있었지만 평생이 고생길이었다고 한숨을 지었다.

"한창 잘 나갈 때는 목수만 40명씩 부리며 일햇어. 가마솟듸(가마솥에) 밥을 헹(해) 삽으로 밥을 푸면서 일할 정도로 잘나가던 때도 이섯지. 오조리만이 아니라 제주시 · 표선리 · 귀덕리 등 제주 전역을 돌면서 베를 멘들앗주. 스무 술(살)부터 예순다섯 술ᄁᆞ지는 쉬어본 적이 어시니(없으니) 1년에 20척씩만 멘들아도 1,000척 이상의 베를 내손으로 멘들앗지. 그런데 사름(사람)을 잘못 만나 그 좋은 재산 다 날렷지. 무식이 죄라고……."

김 할아버지는 사라호 태풍을 잊을 수 없다고 하였다. 사라호로 피해를 본 어선 30척을 맡아 복구해 놓았는데 중간에서 대금을 가로채이고 말았다. 그 바람에 자수성가해 이룩한 1만 평 넘는 밭과 집 두 채를 팔아 보상하면서 재산을 다 날렸다고 한다. 그의 나이 50에 아내가 세상을 떠난 것도 다 그 이유 때문이라며 억울해 하였다.

조선일 60년만에 제주 고유 전래 '덕판배' 복원

김천년 할아버지가 1996년 제주 대학교 박물관 의뢰로 덕판배를 복원하고 있다.

고광민 사진

할아버지에게 지난 1996년은 평생 잊지 못할 해이다. 어깨 너머로 어렴풋이 배웠던 전래 고유의 '덕판배' 복원에 성공했기 때문이다. 직접 덕판배 만드는 일을 해보지 않은 할아버지는 제주대학교 박물관 의뢰로, 수양아버지 김태규 집에서 어깨 너머로 익힌 기억을 더듬으며 덕판배를 복원하는 데 성공한 것이다.

덕판배는 일제강점기 때 왜놈들이 사용하지 못하게 하는 바람에 자취를 감췄다고 했다. 해방 후에는 한국 배는 무겁다고 왜선을 선호했다고 했다.

"덕판배를 짓는 법은 어디에도 어서(없어). 다만 '마음의 기억'을 떠올리멍 베(배)를 짓당 보난 스무 날이민 완성헐 일을 ᄒᆞᆫ 달 넘어서야 완성햇주. 못 ᄒᆞ나 박지 안허고 멘든(만든) 덕판배는 참 든든해신디……."

그때 경험에선가, 할아버지는 지난 1999년 김대건 신부가 표착할 때 탔던 라파엘호

강정호 사진

김천년 · 오원혁 할아버지 등이 복원한 덕판배 '이어도호'.

복원은 한결 수월하게 일을 끝낼 수 있었다고 말했다. 라파엘호 복원 때 돛 만드는 일을 도와줬다는 채진기(1926년 생) 씨는 "형님(김천년 옹)께 두 척의 배를 지어다 썻어. 평생을 배 부리면서 살지만 배짓는 '뽄'을 보려고 해도 잘 안 뒈여(된다). 형님처럼 머리를 쓰면서 배를 잘 짓는 사람은 읏주."하고 추어올린다.

김 · 채 두 노인은 "엿날엔 배 혼 척 짓기 위해 한라산에서 1년 동안 나무를 허여당 헷어. 베 짓기 위해 나무허레 갓당(갔다가) 불럿던 〈톱질 노래〉가 지금도 선연허여."라며 입장단을 맞춰본다.

ᄃᆞᆼ겨ᄃᆞ라 ᄃᆞᆼ겨ᄃᆞ라 ᄃᆞᆼ겨들ᄃᆞ라
사르릉 사르릉 먹고나가라
염통 술로 ᄂᆞ려나 가소

— 〈톱질 소리〉 중에서

못 하나 박지 않고 순전히 나무로만 만든 배가 썩지 않고 든든하게 하기 위해서는 나무못 '피새' 만드는 게 중요하다고 했다. 피새는 오줌을 받아뒀다 썩으면 그 썩은 오줌에 나무를 삶은 후 다시 '맹물'에 삶은 나무로 만들었다. 할아버지는 썩은 오줌에 나무를 삶는 것은 질기고 썩지 말라는 뜻이고, 맹물에 다시 한번 삶은 것은 오줌 냄새가 나지 말게 한다는 뜻이라며 친절하게 일러준다.

덕판배 복원 상상도. 박경훈 그림

그 좋은 재산 다 날리고 지금은 15년 전부터 임대해 쓰는 오조리 어촌계 조선소에서 둘째 아들 김희선(1954년 생) 씨의 일을 거들고 있는 김천년 할아버지.

"집을 짓는 건축 목쉬(목수)는 집이라도 남지만, 베 멩그는(만드는) 목쉰(목수는) 짓는 날부텀 헐어 읏어지는(없어지는) 것이 베주" 라는 김천년 할아버지. "여생을 아프지 말곡 손주덜 잘 되는 것 보는 일이 소원이라" 며 긴 숨을 몰아쉬었다.

(2003. 3. 3.)

●김천년 옹이 복원한 덕판배 '이어도호'와 '라파엘호'

지난 1996년 10월 16일은 제주 해양 역사에 잊지 못할 날이다. 일제강점기에 조선총독부의 선박 개량 정책으로 자취를 감춘 제주 전통배 '덕판배'가 60년만에 복원되어 진수식을 가진 날이기 때문이다.

KBS제주방송총국이 제주도제 실시 50주년을 기념해 제주대학교 박물관에 용역을 의뢰해 완성된 덕판배는 남제주군 성산읍 시흥리 김천년 · 오원혁 할아버지 등에 의해 복원에 성공하였다. 복원된 덕판배는 제주 사람들의 이상향을 뜻하는 '이어도호'(3t급)라는 이름이 붙여졌고 진수식 3일 후인 10월 19일 오전 10시 성산항을 출항해 과거 선인들이 덕판배를 타고 다녔던 해로를 따라 일본 오도를 거쳐 가고시마까지 6박 7일 동안의 항해에 성공, 덕판배의 우수성을 알렸다. 이 배는 현재 국립제주박물관 야외에 전시되어 관람객들을 맞고 있다.

지난 1999년 천주교 제주교구가 제주선교 100주년을 기념해 제주대학교 해양과학대학 서두옥 · 고장권 교수에게 용역을 의뢰한 후 김 할아버지 등에 의해 복원된 '라파엘호'(25t급)도 덕판배의 일종이다. 삼나무로 못 하나 박지 않고 3개 월여의 노력 끝에 완성해 1999년 7월 31일 진수식을 가진 라파엘호는 우리나라 최초의 신부인 김대건 신부가 중국 상하이에서 사제서품을 받은 뒤 황해를 횡단하다 제주도 북제주군 한경면 용수리에 표착했던 배를 복원한 것이다.

페레올 주교가 김 신부와 함께 상하이에서 조선으로 떠나기 직전 프랑스 친지들에게 부친 편지에 실린 배 그림을 토대로 복원한 라파엘호는 1999년 9월 8일부터 9월 19일까지 제주대학교 실습선 아라호에 탑재한 후 김대건 신부가 표류한 바닷길 여정을 체험했다. 이 배는 북제주군 한경면 용수리 표착지에 세워질 김대건 신부 기념관에 영구 보관되는데, 현재 신창성당에 전시되어 있다.

이순진 사진

김순자 사진

라파엘호(위)와 덕판배.

삶과 죽음이 맞서랴마는

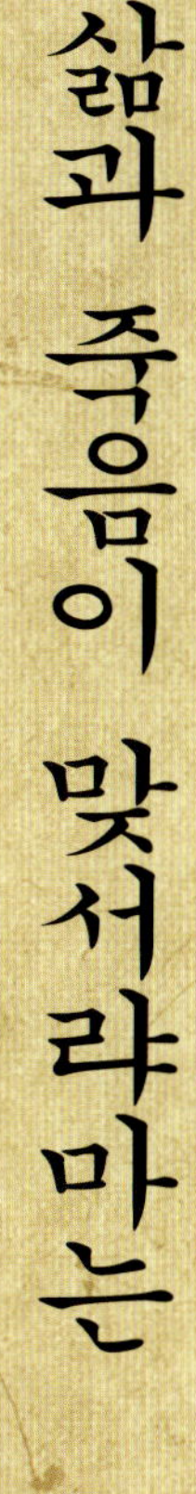

김을정 - 오메기술·고소리술 기능 보유자
김지순 - 제주 전통요리연구가
이동만 - 오일장 터줏대감 뻥튀기 아저씨
진태준 - 한의사
김태환 - 제주 제1호 약방 개업
박태평 - 잠녀
김경생 - 수의 기능인

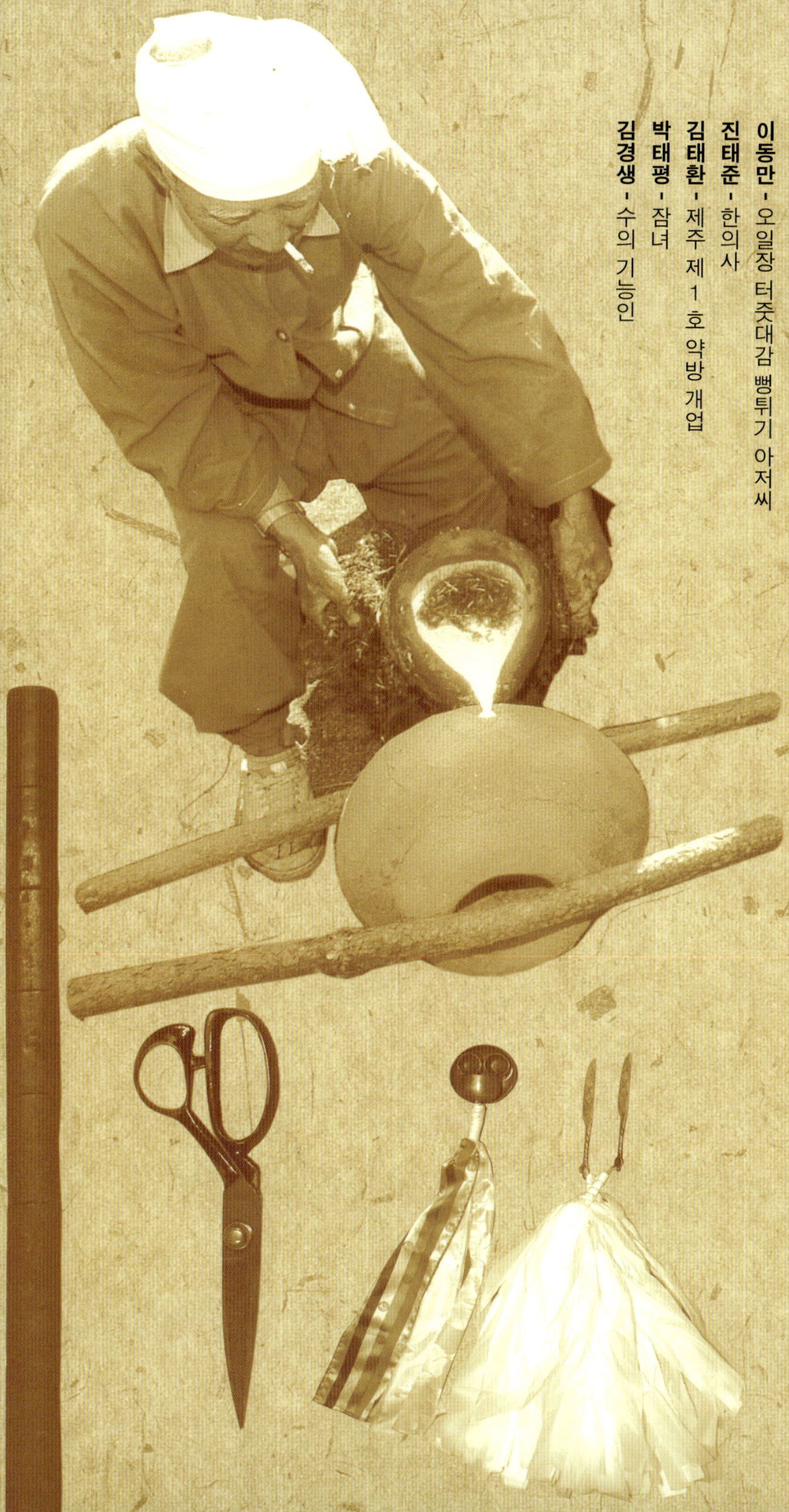

오메기술 · 고소리술 기능 보유자

김을정 할머니

걸쭉헌 술 한 사발 "속이 다 시원해"

술은 조상들에게 '정성'을 올리는 명절이나 제사 때 빠지지 않는다. 기뻐 홍이 날 때도 술을 마시고, 가슴이 갑갑해 마음을 풀 때도 술은 요긴하게 쓰인다. 노르스름한 탁주 한 잔은 노동의 피로를 말끔히 씻어주는 '원기 회복제'이기도 하다. 이렇듯 술은 제사를 지내는 신성한 존재이자 일상생활의 희로애락을 풀어주는 만인의 사랑을 받는 '마실 거리'이다. 오죽하면 가정에서 술 빚는 것을 단속할 때도 우리 조상들은 '쉬쉬' 하며 몰래 술을 빚어 왔을까. 우리네 인간들에게

술이 주는 의미는 과연 무엇일까.

박경훈 사진

성읍민속마을.

제주도 남제주군 표선면 성읍리 김을정(1925년 생) 할머니는 제주 민간에서 빚어 왔던 '오메기술'(제주도무형문화재 제3호)과 '고소리술'(제주도무형문화재 제11호) 기능 보유자이다. 민간에서 누대로 전해졌던 '술 닦는 법'을 전수하고 있는 김 할머니는 남제주군 남원읍 의귀리 출신으로 어렸을 때 친정어머니한테서 술 빚는 것을 배웠다.

김을정 할머니는 스무 살 때 사범학교를 나온 성읍리 강태주 씨(작고)와 결혼하여 경상남도 고성에서 교편을 잡게 된 남편 따라 타향살이를 하다 해방 후 성읍리에 정착하였다. 그때부터 김 할머니는 틈틈이 술을 빚었다. '취미' 삼아 술을 빚었던 김 할머니는 명절 때나 동네 잔치 때 술을 빚어 팔아 생계를 꾸렸다. 6남 2녀의 자식들의 뒷바라지를 위해서는 교사인 남편 벌이만으로는 모자랐기 때문이다. 그래서 김 할머니는 술도 빚고 농사일도 했다. 지금도 할머니는 '감물들이는 작업'에다 농사일까지 하느라 얼굴이 검게 그을려 있다. 영락없는 제주의 농촌 할머니다.

"지금 생각해 보믄 누룩 맨들고(만들고) 술 다끄는(빚는) 게 내 취미엿던 것 닮아(같아). 몰래 곱앙(숨어) 술을 다끄당 밀주 단속반에 걸령(걸

← 제주의 전통주 오메기술과 고소리술 기능 보유자 김을정 할머니가 고소리 앞에 서있다. 서재철 사진

서재철 사진

고소리 앞에 앉은 김을정 할머니.

려) 여러 추례(차례) 조사를 받기도 헷주. 주정공장이 여기저기 들어서면서 밀주 단속이 심허고, 세무서 직원에게 조사를 받은 후 딱 설러부럿주(그만뒀지)."

1990년 오메기술 기능 보유자 지정

그러던 할머니에게 '술 빚는 소질'을 발휘할 때가 왔다. 성읍리가 지난 1984년 민속마을로 지정되면서 이 마을에서 민속주 빚는 것이 허용된 것이다. 그때부터 할머니는 술을 빚어 가게에 내다 팔아 용돈을 썼다고 한다. 그러던 차에 1990년 5월 30일 오메기술 기능 보유자로, 1995년 4월 20일에는 고소리술 기능 보유자로 지정되어 제주민속주를 빚는 것은 할머니의 생업(?)이 되어 버렸다. 요즘은 신문 · 방송 · 잡지사 등에서 취재를 나오는 바람에 손님맞이에 분주하다.

김을정 할머니 둘째 며느리 김희숙 씨가 시어머니와 함께 오메기술을 빚기 위해 오메기떡에 누룩을 넣어 반죽하고 있다. 강문규 제공 ➔

서재철 사진

오메기술의 재료인 오메기를 만드는 모습(위)과 차조와 누룩.

"술은 보통 10월에 다까(빚어). 저실(겨울)에는 술이 익으라고 이불도 더펴주곡, 불치를 더펴서 돗돗허게(따뜻하게) 해주어사 발효가 잘 뒈어 술맛이 좋아. 여름에는 재게(빨리) 쉬기 때문에 잘 다끄지(빚지) 않은디(않는데), 촞는(찾는) 사름이 셔(있어서) ᄒᆞ끔씩만(조금씩만) 다까(빚지). 오메기술은 실려운(찬) 곳에 뒀다 먹으믄 시원허니 좋아."

오메기술은 좁쌀을 물에 담갔다가 가루를 내어 '오메기떡'을 만든 다음 따뜻한 물을 부으면서 흐랑(물렁)해지면 누룩 빻은 것을 넣어 익으면 곧바로 먹을 수 있다. 오메기 술떡에 누룩을 넣으면 '빠끔빠끔' 열이 올라 발효가 된다고 했다.

할머니는 진한 맛의 오메기술을 제일로 쳤다. 오메기술 맛은 차조의 질에 달려 있다는 할머니는 "손수 차조를 갈아 술을 빚는다."고 했다.

술맛은 차조 질에 좌우 된다

"흐린조(차조) 간 것이 안 뒈어(되어) 흐린조를 사당(사다) 술을 다끈(빚은)

조밭 풍경.

적이 잇어(있어). 경헌디(그런데) 지름기가(기름기가) 뜨지 아녀고(않고) 술이 잘 돼지 아녀. 경헨(그래서) 직접 조를 갈아서 술을 다끄고 잇지(있지). 흐린좁쏠은 지름진 땅에 갈아사 질 좋은 좁쏠이 생산뒌다고 헷어."

김을정 할머니는 "지금은 너도나도 오메기술을 빚어 수효가 떨어지긴 했지만 관광차 들렀다 술을 사가는 이들도 많다." 면서 " '술맛이 좋다' 며 부러 주문해 사가는 단골도 있어 보람을 느낀다." 고 했다.

"엿날에는 술을 독허게 담앙 먹엇주. 트박트박(걸쭉)허게 술을 담앙 히

김을정 할머니가 고소리술을 빼고 있다.

영헌(하얀) 사기사발로 흔 그릇 먹으민, 안주 어서도(없어도) 싹 내려가곡, 시장기도 엇어지곡. 농촌에서는 집집마다 술을 담앙(담가) 먹엇어(먹었어)."

할머니는 평생 술을 빚었지만 술은 거의 못한다. 술이 익었는지 확인할 때도 새끼손가락에 찍어 술맛을 볼 정도다. 할머니는 보약으로 오메기술 위로 올라온 청주를 걸러서 꿀과 계란 · 참기름 · 생강을 넣어 만든 오합주를 담가 먹기도 했다고 귀띔했다.

많은 이들에게 죽어서도 '술 한 잔 주었던 할망' 이라는 인심을 남기게 됐다는 할머니는 지나가다 들른 사람들에게 정성껏 빚은 술맛을 보라며 술잔 내놓는 즐거움으로 살고 있다. 재수 좋은 날, 할머니 집을 찾으면 잘 익은 고소리술 한 잔 얻어 마실 수 있는 행운이 있으니, 가을바람이 소슬할 때 성읍리로 달려가 볼 일이다.

(2001. 9. 14.)

오메기술.

● 오메기술과 고소리술

제주 사람들이 부담 없이 즐겼던 '오메기술'은 '흐린 좁쌀'(조)로 만든 '오메기떡'에 누룩을 넣어 발효시킨 탁주다. 기름기가 둥둥 뜬 노르스름한 빛깔의 오메기술은 입에 착착 달라붙고 톡 쏘는 '툽툽헌'(텁텁한) 맛이 일품이다. 빨리 상하기 때문에 여름철에는 거의 술을 빚지 않고 10월부터 많이 빚었다.

고소리술은 오메기술을 발효시킨 술밑을 커다란 무쇠솥에 넣어 그 위에 '고소리'(소줏고리)와 찬물을 얹은 그릇을 올려놓은 후 불을 때서 만든 일종의 소주다.

고소리는 소주를 고아내는 오지그릇으로, 그 위에 찬물을 넣은 커다란 그릇을 올려놓고 열을 가하면 증기가 물그릇에 닿는 대로 방울져 고소리 꼭지를 타고 떨어져 내리는 술을 받아놓은 것이 바로 고소리술이다.

고소리술은 알코올 농도가 30도 이상이어서 반영구적으로 보관이 가능하다. 명절이나 제사, 잔치 등 '큰일' 때 사용하였다. 제주에서는 고소리술을 고아내는 것을 '술 닦는다'고 한다.

제주민속주 술맛은 질 좋은 차좁쌀로 만든 오메기떡과 쌀 도정한 보릿가루로 틔워 만든 '누룩'에 달려 있다. 누룩은 술을 만드는 효모로, 보릿가루를 반죽해 '고령착(대오리나 차풀의 줄기로 엮어서, 채롱보다 통이 아주 얕고 작게 만든 그릇)'에 담아 헝겊을 덮어 다지고 나서 부엌에서 지푸라기를 덮어 곰팡이를 틔워 햇볕에 말린 후 으깨서 사용한다. 노르스름한 곰팡이가 핀 누룩이 상품이다.

제주의 옛 여성들은 직접 집에서 술을 닦아 제사와 명절 등 '큰 일'을 치렀다. 고소리술을 닦는 모습.

홍정표 사진. 《제주 100년》 중에서 재인용

제주 전통요리 연구가

김지순 씨

제주 향토 음식 복원, '전파 40년'

한 지역 문화의 특징을 규정할 때 음식 문화를 빼놓곤 얘기가 안 된다. 제주 고유의 전통 음식을 보존하고 이를 개발하고 세계화할 때 제주 음식 문화의 위상도 높아질 것이다. 평생을 제주 음식 문화 발전을 위해 애쓰고 있는 향토요리 연구가 김지순(1935년 생) 씨.

김지순 씨는 한식 · 중식 · 일식 등 다양한 조리법을 선보여 제주의 식생활 개선에 앞장섰을 뿐 아니라 정부 차원의 혼 · 분식 장려운동, 토끼 요리 보급과 식생활 개선을 위해 도내 처음으로 요리강

습을 실시하는 등 제주 음식 문화 발전과 함께 했던 산증인이다.

김 씨가 주목받는 것은 전문 조리사로서가 아니라, 제주 고유의 향토 음식을 문화적 차원으로 한 단계 끌어올려 평생을 향토 음식 보존과 개발을 위해 헌신하고 있기 때문이다.

김지순 제공

제주 전통요리연구가 김지순 씨는 도내 처음으로 요리학원을 개원했다.

그동안 제주 음식에 대한 연구자가 없었던 것은 아니다. 그러나 김 씨처럼 우리 조상들이 생활 속에서 만들어 먹었던 음식과 조리법을 조사, 연구하고 이를 복원, 전파하는 일을 평생의 업으로 삼는 사람은 거의 없다.

김지순 씨가 제주의 향토 음식에 관심을 가진 것은 40여 년 전부터이다. 제주의 음식은 단순한 먹을거리가 아니라 문화적인 측면에서 보존하고, 개발해야 한다는 신념이 생활 속에서 현실화된 것이다.

"대학 입학해서 처음 서울 생활을 할 때였어요. 당시 애경유지 부사장 집에서 살았는데, 그 집에서는 애호박전을 만들어 먹고, 여름철에도 돼지고기를 갖고 편육을 해서 먹는 등 여간한 공을 들이는 게 아니었어요. 당시 제주에서는 탈이 날까봐 여름철에는 돼지고기 먹는 것을 꺼렸었는데 충격적이었죠. 방학 때 외할아버지 제사가 있었는데, 서울에서 사 온 애호박을 갖고

J. S. KIM

전을 부쳐 제상에 올렸던 적도 있어요."

서울 생활을 하던 그는 결혼 후에 제주에 내려와서 살았다. 1970년대 초 정부 차원에서 혼·분식 장려운동을 할 때는 우리나라 음식의 대가인 왕준련 선생과 함께 제주 도내를 돌면서 식생활 개선운동의 선봉 역할을 했다.

"석유곤로를 직접 들고 읍·면 지역으로 식생활 개선 운동을 다닐 때였어요. 낮에는 주로 일을 해야 하니까 전깃불을 켜고 저녁에 음식 만드는 것을 배워줬어요. 혼·분식보다 반찬 만드는 거나 배워달라던 그때 사람들을 떠올릴 때면, 음식 만드는 것에 별로 신경을 쓰지 않는 요즘 사람들을 생각해 보게 됩니다."

김지순 제공

'음식의 대가' 왕준련 선생(사진 위 가운데)과 필리핀을 방문해 한국전통요리를 전수하고 있는 김지순 씨. 아래 사진은 중문관광단지 내 한국관 개관 때 제주전통음식 전시회에 참가할 때다.

김 씨는 그때 했던 식생활 운동이 제주의 향토 음식에 대한 애정과 관심을 증폭시키는 계기가 된 것 같다고 말한다. 1973년 제주산업

← 제주 전통요리 연구가 김지순 씨. 부현일 사진

김지순 제공

우리 농·축산물을 이용한 음식 경진대회의 심사위원으로 참가한 김지순 씨.

정보대(당시 제주전문대) 강사로 시작해 폐과될 때까지 10년 정도 학교생활을 했고, 다시 조리과가 생기면서 복직해 2002년 초에 정년퇴임하였다. 폐과 후 학교에 나가지 않은 10년 공백 기간에는 한국식생활개발연구회 LA 지부장을 맡아 한국 음식의 해외 전파에도 열을 올렸다. 김 씨는 또 1985년에 도내 처음으로 요리학원을 열기도 했다.

도내 최초 요리학원 개원

"방학 때면 학생들에게 제주 음식을 조사해 오라고 숙제를 내주곤 했었어요. 학생들이 조사한 내용을 갖고 재조사를 하면서 옛 조상들이 했던 방식대로 음식을 만들어 보면서 제주 음식을 정리해 나갔어요."

제주의 전통음식 빙떡. 안승일 사진. 김지순 《제주도 음식》에서 발췌

어렸을 때부터 외할머니와 어머니께서 식사 때마다 음식을 귀하게 여기고, 찬장의 그릇 정리에 정성을 다하던 모습에서 큰

영향을 받은 것 같다는 김지순 씨는 "어머니께서 차근차근 들려주던 제주 음식에 대한 얘기가 큰 자산이 되었어요."라며 고마워했다.

김 씨는 지금까지 조사, 연구한 결과물을 갖고 제주 음식 문화의 지침서라 할 수 있는 《제주도 음식》(대원사, 1998)과 《제주도 음식문화》(제주문화, 2001) 이름의 저서도 발간하였다.

제주 음식은 계절을 많이 타는 편이기 때문에 음식을 복원하는 데도 시간이 걸렸지만, 이를 촬영하고 책을 정리하는데도 많은 시간을 할애했다는 김지순 씨. 제주 향토 음식에 대해서 다음과 같이 정리해 들려준다.

"제주의 옛 음식은 계절마다 나는 싱싱한 재료를 이용하는 게 특징입니다. 제주에서 생산되는 재료로 만들었다고 해서 모두 제주의 음식이라고 할 수는 없어요. 조상들이 해왔던 방식대로 원형을 보존하고, 개선할 부분은 개선해야 제주의 음식 문화가 발전할 수 있습니다. 뿌리가 없는 제주의 향토 음식은 생각할 수도 없죠."

안승일 사진. 김지순 《제주도 음식》에서 재인용

갈치호박국(위), 꿩만두(가운데), 메밀칼국수.

안승일 사진. 김지순의 《제주도 음식》에서 재인용

깅이콩볶음.

음식 표준화 작업 시급

김지순 씨는 또 제주의 음식 문화 발전을 위해서는 제주 음식이 제 맛을 잃지 않는 선에서 조리법을 다양화하고 이를 되살리는 방법을 강구해야 한다고 목소리를 높였다. 대충대충 눈대중과 짐작 대신 음식을 그램(g)화 하여 제주 음식을 표준화하는 것도 급히 서둘러야 할 과제란다.

요리를 깊이 알면 알수록 향토 음식이 중요하고 소중하다는 것을 깨닫게 된다는 김지순 씨의 마지막 소원은 제주의 향토 음식이 어떤 것인지를 보여줄 수 있는 전시관 설립이다. 둘째 아들 양용진(1965년 생) 씨와 며느리 조수경 씨가 그녀의 대를 잇고 있어 그의 꿈도 멀지 않아 보인다.

(2002. 3. 8.)

● 제주음식은?

인간이 살아가면서 없어서는 안 될 필요조건은 무엇인가. 옷가지와 먹을거리, 거주 공간을 일컫는 의식주이다. 삼척동자도 알 수 있는 이 해답인 '의식주'는 인간이 살아갈 때 반드시 필요한 요소이다. 그 가운데서도 먹을거리는 생존과 직결된 문제여서 그 중요성이 더해진다.

제주는 섬이라는 지형적 특성으로 말미암아 본토와는 다른 독특한 생활 문화를 만들어 왔다. 초가와 '갈옷' 등이 제주의 환경 속에서 배태된 문화이듯이 제주 음식도 조상들의 삶 속에서 창출된 또 다른 문화이다.

제주 음식의 특징은 한 마디로 자연식이고 영양식이다. 요즘말로 하면 웰빙 음식인 셈이다. 제주 섬 땅과 바다에서 생산한 곡물과 푸성귀, 해산물을 재료로 한 제주의 음식은 계절별로 손쉽게 얻을 수 있는 재료를 이용하기 때문에 싱싱한 게 장점이다.

주식인 밥은 본토에서 쌀을 주재료로 하는 것과 달리 좁쌀과 쌀보리, 팥 등을 넣고 지은 잡곡밥이 위주였고, 반찬과 국도 주위에서 손쉽게 얻을 수 있는 재료로 간단하게 만들어 먹었다. 음식도 여러 가지 재료를 섞어 만들기보다는 한두 가지 재료만 있으면 그만이었다. 토장(직접 담근 된장) 하나면 음식의 맛을 낼 수 있었다. 된장을 물에 훌훌 풀어 푸성귀를 썰어 놓으면 국이 되었고, 푸성귀와 해초도 된장에 무쳐 먹었다. 된장은 각종 푸성귀의 쌈 맛을 내는 기본 반찬인 동시에 돼지고기의 비린내를 없애는 조미료이기도 하였다.

이처럼 제주 음식은 겉보기에는 초라하게 보일지 몰라도 실속만큼은 그만이었다. 음식 종류도 몸국 · 갈치호박국 · 우럭콩조림 · 동지짐치 등 200여 가지나 된다. 이 음식 가짓수는 구황 음식을 제외한 수치이다. 조리법이 발달하지 못했다는 제주 음식에 대한 편견은 버려야 할 것이다. 예전의 평가와는 달리 지금은 제주 음식이 자연식과 건강식으로 인기가 높다. 세월이 변해도 많이 변하였다.

제주의 음식은 겉은 초라해도 실속은 그만이었다. 잡곡밥과 푸성귀, 그야말로 웰빙 식품이었다.

《만농 홍정표 선생 사진집 - 제주사람들의 삶》 중에서 재인용

오일장의 터줏대감 '뻥튀기' 아저씨

이동만 씨

뻥튀기, 아이들의 간식거리이자 별식

아이들에게 변변한 간식거리가 없었던 1960~1970년대. 농어촌 아이들은 몇 달에 한 번씩 찾아오는 '뻥튀기' 아저씨가 있어 즐거웠다. '뻥튀기' 아저씨가 시골 마을 중심지인 정자나무 있는 곳에 자리를 잡으면 동네 아이들은 갑자기 부산해지기 시작한다. 언제 모여들었는지 모르게 동네 아이들이 총출동해 있다. '뻥튀기' 한 줌이라도 얻어먹을 수 있을까 해서 땔감을 주워오는 아이도 있었고, 남의 눈에 띄지 않게 길가에 흩어져 있는 쌀 튀기를 주어드는

쌀과 옥수수, 누룽지 말린 것 등 뻥튀기 재료. 뻥튀기 외에도 검정콩을 볶아가는 사람들이 많아 건강을 중시하는 요즘의 세태를 읽을 수 있다. 김순자 사진

아이도 있었다. 부모들의 주머니 사정을 모른 아이들은 어머니 치맛자락을 붙잡고 '뻥튀기'를 사달라고 졸라대기도 했다.

지금이야 마음만 먹으면 오일장이 서는 날 먹을 만큼씩 사다 먹어도 되지만 30년 전 시골 사람들은 '뻥튀기'를 위해 쌀독에 담아뒀던 '보리쌀' 한 되 퍼내는 일이 그리 쉬운 일은 아니었다. 때문에 농어촌 사람들은 서로 눈치를 보다, 이웃집이 '뻥튀기'를 하는 눈치가 보이면 아이들에게 못 이기는 척 보리쌀 한 되를 쌀독에서 퍼냈다. 이렇게 해서 만들어진 보리쌀 튀기는 아이들의 한 철 간식거리이자 온 가족의 별식이 되었다. 보리쌀이 다 튀겨졌다는 신호음인 '펑' 소리

가 날 때 아이들은 두 손으로 귀를 막고 저만치 물러섰다 이내 몰려든다.

2002년 현재 32년째 '뻥튀기' 인생을 사는 이동만(1936년 생 · 제주시 용담2동) 씨가 들려주는 30년 전 제주의 농어촌을 돌아다니면서 보아 왔던 우리네 이웃들의 정겨운 삽화다. 지금도 이 씨는 뻥튀기가 완성될 때면 "나와요."란 소리로 손님들의 귀 막음을 독려한다.

부현일 사진

분신처럼 아끼는 뻥튀기 기계 옆에 앉은 이동만 씨.

천직이 되어 버린 '뻥튀기 인생'

제주시 오일장 터줏대감 이동만 씨. 30대 초반 목수 일을 하다 갈비뼈가 부러진 것이 '뻥튀기' 인생을 천직으로 만들어 버렸다.

"목수 일을 할 때는 그래도 먹고 살 만했는데, 몸이 다치고 보니 눈앞이 캄캄해지는 거예요. 당시 저 주위에 '뻥튀기' 일을 하는 양반이 몇 있었는데 '뻥튀기'가 밥은 먹을 수 있을 것 같았어요. 그래서 있는 돈, 없는 돈을

◀ 뻥튀기 기계를 점검하는 이동만 씨. 김순자 사진

김순자 사진

쌀튀기 하는 모습과 튀겨낸 후의 풍경(아래 사진)이다.

모아 광주 가서 기계를 하나 구입해다가 '뻥튀기'를 하며 살았는데, 그게 지금까지 온 거예요."

그렇게 해서 구입한 뻥튀기 기계를 리어카에 싣고 제주시 서쪽을 돌면서 뻥튀기 인생을 시작했다. 리어카를 끌고 다니면서 하는 일이라 혼자 할 수 없어 그의 아내와 아이들이 함께 일을 시작했다. 고생도 엄청 많이 했다.

"힘은 들었지만 재미있었어요. 지금이야 연료로 석유를 쓰고 있지만 처음 뻥튀기를 할 때는 나무를 주워다 불을 땠지요. 7년 정도 농어촌 마을을 돌아다녔는데 안 다닌 곳이 없어요. 곡식질이 좋은 서쪽 지역을 주로 다녔어요. 주로 보리쌀을 튀겼는데, 잘 사는 사람들은 쌀을 섞어서 하기도 하고, 옥수수와 바꿔서 하는 경우도 있었지요. 품값으로는 돈도 받고, 보리도 받고 그랬어요."

하루는 동네 과자점에서 '뻥과자'를 주문했는데 과자 만들 쌀을 구입할 돈이 없었다 한다. 아내의 석 돈 금반지를 맡겨 쌀 한 가마를 빌리려 하자 동네 쌀가게에서 외상으로 그냥 빌려주었다. 동네 쌀가게에서 빌려온 쌀을 갖고 쌀 과자를 만들어 팔고 이익금으로 쌀도 사고, 돈도 좀 벌었다.

김순자 사진

이동만 씨 뻥튀기 상점에서 일을 돕고 있는 사람들.

힘든 생활이 마감되자 그는 1980년대 초 제주시 오일장이 서사라로 옮길 때 자리를 하나 마련하였다. 그때부터 그는 오일장 터줏대감으로, 제주시 오일장을 지키며 서민들의 입맛을 지키나가고 있다.

오일장 터줏대감 '뻥튀기는 언제나 그의 몫'

제주시 오일장이 서는 날이면 그는 아침 일찍부터 저녁 늦게까지 허리를 굽혔다 폈다 쉴 틈 없이 '뻥튀기'를 한다. 리어카를 끌고 마을을 돌아다닐 때부터 함께 했던 아내 김애자(1939년 생) 씨와 막내딸이 그의 일을 돕고 있다. 일하는 아저씨도 둔 '사장님'이다.

이동만 씨가 뻥튀기를 할 초창기에는 주로 보리쌀과 쌀 · 옥수수를 주로 튀겼다면 요즘은 튀기는 곡식도 가지가지다.

"내가 튀겨보지 않은 곡식이 없어요. 기호도 달라져 지금은 밥 말린 것, 현미 · 밀쌀 등 종류도 다양해졌습니다. 또 시골 어른들은 단 것을 좋아하는 반면, 도시의 젊은 사람들은 건강을 생각한다고 단 것을 잘 넣으려고 하지 않아요."

그는 단순히 서민들의 간식거리인 '쌀 튀기'만 하는 것은 아니다. 보리차 · 현미차 · 결명자차 · 둥글레차 등 차로 이용하려고 곡식을 볶아 가는 사람도 많다고 한다. 콩이 몸에 좋다고 해서 요즘은 검정콩을 볶아 가는 사람이 많아졌다고 귀띔한다. 곡식에 따라 튀기는 시간도 달라 기계에서 잠시도 눈을 뗄 수 없다는 이동만 씨. 5분 · 7분 · 8분 · 10분. 불을 때고 압력과 온도를 이용해 하는 일이어서 위험하기 짝이 없다. 그래서 기계를 만지는 일은 언제나 그의 몫이다.

신용이 가장 큰 자산, 어려운 이웃 위해 살고 싶어

30년 넘게 일을 하는 이동만 씨에게 가장 큰 자산은 단골들이다. 그의 가게에 단골들이 끊이지 않은 이유는 자신은 손해 보는 한이 있어도 '손님' 편에서 일을 한다는 철칙이 지켜지기 때문이다. 처음 이 일을 시작할 때 그는 실수도 많이 했다. 너무 태워 먹지 못하게 되었

뻥튀기 아저씨 이동만 씨가 환한 웃음을 짓고 있다. 김순자 사진

을 때는 보리쌀 대신 그가 갖고 다녔던 '옥수수'를 튀겨 손님들의 양해를 구했다. 그렇게 해서 쌓아온 신용이 입때껏 그를 지탱하게 한 힘이 됐다.

"요즘 뉴스를 보다 보면 속이 터질 때가 많아요. 거짓말하고, 남의 것 훔치고, 사람 죽이고. 국민의 한 사람으로서 나라가 너무 어지러워 가슴이 안 좋아요. 어려운 사람끼리 기쁨을 나누면 배가 되고, 슬픔을 나누면 적어진다고 하는데 서로 남의 탓만 하고 있으니……."

초등학교 시절 버려진 몽당연필을 주워왔다가 어머니께 엄청나게 종아리를 맞았던 기억이 '남의 것' 에 욕심 내지 않고 바른길을 사는 목표가 되었다는 이동만 씨. 어려운 사람이 오면 삯을 깎아주거나 받지 않고, 손자들에게 용돈을 줄 수 있어서 기쁘다는 소시민이다. 크게 벌지 못해도 한 푼이라도 모이면 어려운 이웃들에게 쌀 한 포대라도 나눌 수 있는 기쁨에 그의 손놀림은 바쁘기만 하다.

"펑", "펑", "펑".

(2002. 10. 14.)

●이동만 씨의 '뻥튀기 예찬'

보리쌀 · 쌀 · 옥수수 · 밀 · 현미 · 율무 · 누룽지…….
서민들의 간식거리로 오랫동안 사랑을 받고 있는 '뻥튀기'. 어떤 곡식이든 '뻥튀기'를 하면 간식거리로 그만이다. 뻥튀기가 잘 되기 위해서는 곡식을 바싹 잘 말려야 한다. 물로 씻어서도 안 된다. 높은 온도에서 순간 튀겨내기 때문에 '위생'을 걱정할 필요도 없다.

보통 '뻥튀기'는 한 되 기준으로 한다. 한 되를 넘거나 부족해도 잘 튀겨지지 않는다. 공기의 압력을 이용해 튀기니 조금만 신경 쓰지 않으면 타거나 튀겨지지 않는다. '뻥튀기' 야말로 속임수도, 욕심도 허용하지 않는다. '뻥튀기' 과정은 곧 우리네 인간에게 정직하고 솔직하게 사는 길이 어떤 길인지 가르쳐 준다.

김순자 사진
보리쌀 튀기.

32년째 뻥튀기 인생을 사는 이동만 씨는 '뻥튀기' 야말로 순수 곡물을 이용해 만드는 서민들의 무공해 간식거리라면서 믿고 찾아주는 손님들께 고마움을 전했다.

제주시 오일장의 터줏대감 뻥튀기 아저씨 이동만 씨가 튀겨낸 온갖 먹을거리. 
김순자 사진

한의사

진태준 씨

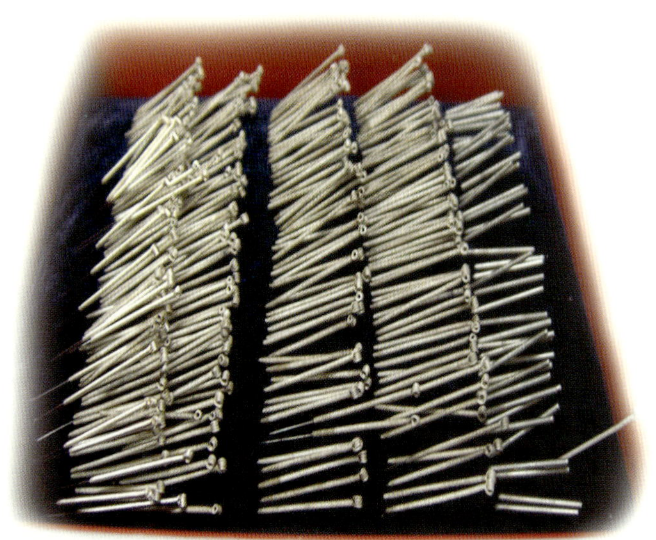

고학으로 한의 · 양의 면허 취득

제주 한의업계의 어른 진태준(1925년 생 · 진한의원 원장) 씨. 팔순을 앞둔 나이에도 진태준 원장은 오늘도 오전 7시 30분이면 인술을 펴기 위해 어김없이 집을 나선다. 직장인들과 아침 일찍부터 한의원을 찾는 노인들을 오래 기다리게 할 수 없어 진료시간을 앞당겼기 때문이다.

서른여섯 살의 늦깎이에 고학으로 한의사 국가고시에 합격해 한의사의 길을 걷고 있는 진 원장은 한의사 · 의사 면허를 취득하고 한방 · 양방 진료를 다 했던 특이한 경력의 소유자이다. 이런 특이한 경력만큼이나 진 원장의 인생 또한 눈물겹도록 특이하다.

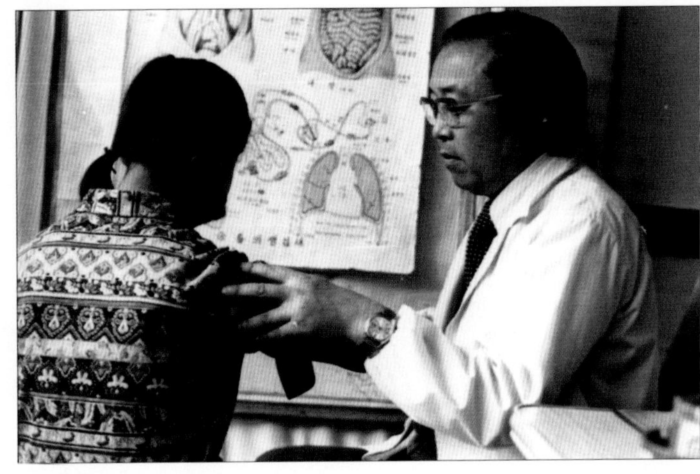

환자를 진료하는 진태준 원장.

불의의 사고로 두 아들을 가슴에 묻은 대신 장학회를 설립하였고, 무료진료 활동 등 사회봉사 활동을 온몸으로 껴안고 실천하고 있다. 손자들의 재롱을 보면서 삶의 여유를 누릴 만도 하지만 '쉴 틈' 없이 일을 만들어 내어 주변 사람들을 놀라게 한다. 장학사업 외에도 효부 · 효자 · 효녀를 발굴해 시상도 하고 있다.

사회 활동도 남에게 뒤지지 않는다. 제주공개협 대표 의장, 한자교육추진위원회 제주도지부 회장 등 진태준 원장이 내미는 명함만 들여다보아도 그의 활동 반경을 읽을 수 있다. 《제주도 민간요법》, 《혈통과 가문》, 《인술은 멀고》 등 한의학 서적과 자서전 등 5권의 책도 냈다.

얼마 전에는 부모님의 유품과 40년 넘게 인술을 펴면서 썼던 손때 묻은 의료기기, 침, 의학 서적 등을 모아 '동연자료실'도 꾸며 화제를 모았다.

참 인술(仁術)은 멀기만 하다

진태준 원장은 여느 의사들처럼 한의대를 나오지 않았다. 1954년 한국대학 법률과 2년을 수료하고 수도의과대학 예방의과 6개월 수료한 게 그의 학력 전부다.

무료진료에 나선 의사들. 진태준 원장을 제외하고 고인이 되었다. 왼쪽부터 진태준, 황원엽, 김재규, 김희식, ○○○.

대학 가기 전 고향인 제주도 북제주군 한경면 고산리 삼성의원에서 조수 생활을 했던 그는 '의사'의 꿈을 살리기 위해 대학을 그만두고 다시 조수 생활을 했던 삼성의원에서 견습 생활을 하면서 고학으로 1961년 한의사 국가고시에 합격했다. 이후 한의원을 개업해 인술을 펴는 와중에 진 원장은 1970년에 국가고시 의사시험에도 합격하였다. 한의사 개업의로 활동하면서 안덕면 공의진료소장과 애월면 공의진료소장도 지냈다. 1970년 애월면 공의진료소장을 끝으로 의사의 길을 접고 평생 직업으로 한의사의 길을 택하였다.

"한의사와 의사는 인술을 베푸는 사람입니다. 제 경험으로 볼 때 '참 인술'을 펴는 사람은 드문 것 같아요. 인술은 병든 이웃들을 살리기 위해 내 한 몸을 던질 수 있어야 합니다."

◀ 동연자료실에서 평생 자신이 써온 침을 들어 보이는 진태준 원장. 김대생 사진

진태준 제공

부산보훈청 후원으로 1987년 9월 국가유공자 무료진료 활동 때의 진태준 원장(앞줄 왼쪽에서 두번째).

그는 쓰러져 있는 사람을 데려다 치료하고 고향에 돌려보냈던 일, 가난한 중풍환자를 무료로 진료해서 완쾌시켰던 일 등이 한의사 생활 중에 기억에 남는 일이라고 했다.

무료 진료에도 이력이 붙었다. 한의사로 활동하면서 농어민, 복지시설 수용자, 환경미화원, 보훈 가족 등을 대상으로 무료 진료를 펼치고 있는가 하면, 고 2때 세상을 등진 둘째 아들 남철 씨 모교 학생들의 무료 축농증 진료 사업, 국가유공자 자녀들을 위해 액취증 무료 진료 등도 해왔다. 그의 이런 사회봉사 활동에 대한적십자사 박애상(은상), 대한적십자사유공훈장, 한국보훈대상 등이 주어졌다.

제주도 한의사회를 창립한 주역이며, 중국 성도중의약대학 외래교수, 일본 동양의학 학술대회에도 꾸준히 참가하며 한의학을 알리는 데도 앞장서고 있다.

아들 가슴에 묻고 장학회 설립

한의사로서 인술의 꿈을 한껏 펼치던 1973년, 진태준 원장은 청천

벽력 같은 변을 당한다. 눈에 넣어도 아프지 않을 둘째 아들 남철(당시 오현고 2년 재학) 씨가 갑자기 세상을 떠난 것이다. 아들의 죽음에 슬픔을 가누지 못했던 진 원장은 아들의 유품을 정리하다 일기장에서 "장래 의사가 되어 사회에 봉사하겠다."는 글귀를 발견하곤 아들이 못다 이룬 꿈을 다른 사람이라도 대신해 주길 바라는 마음에서 장학회를 설립하였다. 아들의 대학 진학을 위해 차곡차곡 저축했던 돈을 털어 만든 '남철장학회' 가 바로 그것이다. 남철장학회는 매년 의대 진학생 2명을 선발해 장학금을 지급해 왔다. 진 원장의 아픔은 여기에서 끝나지 않았다.

진태준 제공

《인술은 멀고》 출판기념회(위)와 일본에서 열린 동양의학학술총회에 참가한 진태준 원장(아래 사진 오른쪽).

둘째 아들을 가슴에 묻은 지 3년 후에 또다시 군 복무 중이던 장남 용철 씨가 1976년 제대를 얼마 남기지 않은 상태에서 유격훈련 시범을 하다 유명을 달리한 것이다. 3년 사이 첫째 · 둘째 아들을 앞세운 진 원장은 가족들을 추스르고 두 아들의 죽음을 헛되이 하지 않기 위

진태준 제공

〈仁術濟世〉를 모토로 삼고 있는 진태준 원장.

해서는 넋 놓고 앉아 있을 수만은 없었다.

그래서 진 원장은 남철장학회 기금과 장남의 전사금, 가족 · 친지의 성금 등을 모아 관리하기로 했다. 1979년 진 원장의 호를 따서 '동연장학회'가 탄생한 것이다.

동연(남철)장학회는 설립 후 10여 년 동안 매년 의대 진학생 2명에게 장학금을 지급하다 1984년부터는 의대 2명, 한의대 2명으로 수혜자를 늘였다. 지금까지 동연장학금을 받은 의대생은 2001년 현재 62명. 2002년 7월 13일 전해줄 제29회 동연장학회 수혜자까지 합치면 66명이 장학금을 받았다. 장학회 설립 30주년을 맞는 2003년에는 장학회를 법인으로 등록해 수혜 폭을 늘려나갈 계획이다.

"아들의 뜻을 기려 세운 장학회로 인술을 펴겠다는 후학들에게 장학금을 줄 수 있어 기쁩니다. 장학생들이 사회에 나가 개업을 해 진료 활동을 하는 모습을 보면 가슴이 뿌듯합니다."

병원 조수 생활로 시작해 50년 넘게 환자들과 함께 하고 있는 진태준 원장. "아직도 내가 '참 인술을 펼치고 있나'라고 자문하는 일이 많아요."라며 '진짜 인술'을 펴는 사람들이 많았으면 좋겠다고 전한다.

(2002. 7. 9.)

● 한의사 진태준 원장이 만든 '동연자료실'

2002년 7월 5일 처음 공개된 한의사 진태준 씨가 개설한 '동연자료실' 은 작은 박물관을 연상케 한다. 제주시 삼도1동 진한의원 3층 동연장학회 사무실 한 편에 들어선 동연자료실은 진태준 원장이 40년 넘게 한의사 · 의사 생활을 하면서 썼던 의료기구와 개업하면서 썼던 전화 · 주판 · 타자기 · 간호사복 · 진료 가방 등 시대의 흐름을 읽게 해주는 자료들이 빼곡하게 들어차 있다.

진태준 원장이 썼던 침과 저서.

동연자료실에는 그가 일했던 애월면 공의진료소, 안덕면 공의진료소 현판이 나붙었는가 하면 진태준 한의원 · 동연한의원이란 간판도 보여 진한의원이 걸어온 길도 반추하게 해준다. 동연자료실에는 해방 이후 최근까지 진 원장의 손때 묻은 각종 자료들이 정돈되어 있다.

한약을 끓여 저장해놓는 보온기, 각종 침 종류와 약제 저울, 혈압기, 의학서적 등 한의용품과 잡화품이 보인다. 양의 시절에 썼던 청진기 · 주사기 · 주사 바늘 · 소독 기구 · 개복 수술기기 · 질경 · 발치기 · 자궁경관 확장기 · 비경 · 위세척기 등 의료기구와 구리세린 · 안티푸라민 · 비오티스 · 석탄수 등 1970년대 사용했던 의약품도 눈에 띈다.

2002년 7월 5일 공개한 동연자료실과 전시물.

김순자 사진

제주 제1호 약방 개업

김태환 할아버지

2002년 7월 19일 오후 4시. 제주시 용담2동 '제일약방' 에는 머리가 허옇게 센 70~80대 할아버지 예닐곱 명이 약방 주인 김태환(1908~2004) 할아버지와 얘기꽃을 피우고 있었다. 이들 할아버지는 약을 사기 위해 온 '손님'이 아니다. 약방을 지키는 터줏대감 김태환 할아버지와 말벗도 하고 동네 노인들과 세상 사는 이야기도 나누는 쉼터를 찾은 사람들이다.

이렇듯 제일약방은 '약만 파는' 단순한 장소가 아니다. 이 마을 노인들의 쉼터인 셈이다. 그래서 이곳을 찾는 사람들은 제일약방을 두고 '제2의 경로당 · 공보실 · 사랑방'이라 부른다.

제주도 약공회 회원들이 1964년 11월 12일 부산 제일약품을 시찰했을 때 모습. 앞줄 오른쪽에서 네 번째가 김태환 할아버지.
김창훈 제공

제주 약방계의 산증인

김태환. 1909년 9월 20일 생. 제일약방 주인. 김태환 할아버지의 신상명세서다. 지금으로부터 70년 전인 1930년대 초 스물네 살의 나이에 제주시 관덕정 앞에서 제주에서는 처음으로 약방문을 연 제주 약방계의 산증인이다. 도로 확장으로 25년 전 할아버지가 운영하는 약방이 길로 변하면서 병원도, 약국도 없었던 현재의 용담2동으로 장소를 옮겨 70년째 약방을 운영하고 있다.

김창훈 제공

김태환 할아버지와 부인 곽문욱 여사. 서 있는 어린이가 김창훈 씨. 1943년 촬영.

김 할아버지가 약방을 운영하게 된 일은 어쩌면 운명적이다. 일제강점기 때 구좌읍 공의(한의사)로 활동했던 선친의 뒤를 이어 환자들과 함께 하고 있다.

"일제강점기 대정 9년(1920)에 제주에는 호열자가 극심했어요. 구좌읍 공의로 일했던 선친(김두전)께서는 그때 마을 사람들의 호열자를 진료하다 감염되어 돌아가셨지요. 내 나이 열한 살 때였어요. 선친께서는 한의사로 명망이 높았었는데……."

할아버지는 선친이 돌아가신 후 마을 일을 돌보다 열아홉 살에 일본 오사카로 건너갔다. 어렸을 때부터 어깨 너머로 보아왔던 게 '약업'이라 일본에 건너가 공장에 다니면서도 고학으로 약제를 공부해 2년제 오사카 소서(小西) 약제학교를 졸업했다.

"소서(小西) 약제학교를 나오자 오사카부청에서 약종상 허가증을 줬어요. 오사카에서 약방을 차리려고 했는데 자본이 없어 고향으로 돌아왔지요. 그런데 일본에서 딴 약종상 자격으로는 고향에서 약방을 개업할 수 없었어요. 그래서 생업을 위해 제주시에 사는 고모집에 살면서 중앙병원에서 약제조 일을 했었지요."

중앙병원에 근무했던 할아버지는 전라남도 광주에서 약종상 시험을 치른다는 소식을 듣고 불원천리 광주로 달려갔다. 제주에서 유일하게 시험을 치러 합격한 할아버지는 이후 병원을 그만두고 스물네 살의 나이에 제주시 관덕정 앞에 제일약방을 개업했다.

약방문을 열자 할아버지네 약방에는 도 전역에서 환자들이 몰려들었다. 의료시절이 변변치 않은 데다 약국도 없던 시절이라 아픈 사람들은 1차로 약방을 찾았기 때문이다. 지금은 많고 많은 게 병원이고 약국이어서 약방을 찾는 이들이 많이 줄었지만 할아버지가 운영하는 약방에는 아직도 단골들이 많다.

김창훈 제공

제주도내 약방 경영자로 구성된 제주도의약품배급조합 회원들이 남수각에서 야유회를 즐기고 있다. 두루마기를 입고 서 있는 사람이 김태환 할아버지다.(1950. 4. 25.)

제주 지역 약방 개업에 앞장

할아버지는 제주도내에 약방을 보급하는 데도 일조를 했다.

"해방 후였어요. 의료시설 보급 차원에서 보건소에서 약종상 시험을 치를 사람을 모집해 놓고도 약업사가 없어 시험 출제를 못하는 거예요. 그래서 내가 시험을 출제해 약종상을 뽑은 적이 있는데 그때 합격한 11명이 제주도내 10개 읍 · 면에 약방을 개업했어요. 그때 개업한 약방이 지금도 네댓 군데는 남아 있습니다."

할아버지는 지난 70년 동안 약방문을 닫아본 적이 없다. 명절이나 제사 때에도 할아버지네 약방문은 활짝 열려 있다. 호열자를 치료하던 선친이 환자들 곁에서 돌아가셨듯, 약방을 운영하는 이상 아픈 이들과 함께해야 한다는 사명감에 아무리 바쁜 일이 있어도 약방문을 닫아둘 수 없다는 것이 할아버지의 삶의 철학이다.

동네 노인들 사랑방

아흔네 살의 고령임에도 아직도 정정하게 일터를 지키는 '현업 일꾼'인 김태환 할아버지 앞에서는 구조조정도, 정년이란 말도 무색케 한다.

3년 전 부인과 사별한 김태환 할아버지는 새벽에 일어나 약방 앞을 청소하는 것으로 하루를 시작한다. 할아버지가 운영하는 제일약방*은 동네 사람들이 틈틈이 모여들어 세상 사는 이야기를 나누는 사랑방이자 동네 노인들의 쉼터다. 할아버지는 약방 한 쪽을 약방을 찾는 노인네들을 위해 개방해 뒀다. 의자를 갖다 놓고, 할아버지들이 심심할까봐 술잔과 술을 비치해 두었다. 오후 3~4시면 이 곳에는 동네 노인들로 왁자지껄하다. 누렇게 손때 묻은 약장과 책상, 그 안에 차곡차곡 쌓여 있는 약품들만이 할아버지의 평생의 업을 말해줄 뿐이다.

* 제주도내 최초의 약방 '제일약방'은 2004년 1월 역사의 뒤안길로 사라졌다. 1930년대 초 관덕정 인근에서 도내 최초로 문을 연 제일약방은 2004년 1월 6일 약방 주인 김태환 옹이 사망할 때까지 70여 년 동안 서민들의 건강을 위한 약방으로, 서민들의 사랑방 역할을 해 왔다.
약방은 약종상 허가를 받지 않은 이는 운영할 수 없기 때문에 운영자가 사망하면 자동적으로 약방 문을 닫아야 한다.
2002년 7월까지 16곳이던 약방은 2005년 8월 말 현재 13곳으로 줄었다. 제주시 지역이 시민약방과 제민약방 등 2곳, 서귀포시 지역이 신양약방 · 건일약방 · 효돈약방 등 3곳, 북제주군 지역이 신일약방 · 칠련약방 · 은성약방 · 신창약방 · 추광약방 등 5곳, 남제주군 지역 성산약방 · 의성약방 · 제신약방 등 3곳이 운영 중에 있다.

김태환 할아버지가 94세 때인 2002년 7월 제일약방을 운영할 때의 모습이다. 부현일 사진

자신을 위해서는 엄청나게 근검절약하지만, 남을 위해 베푸는 데는 아끼지 않는 할아버지. 하루 세 끼 식사를 하고 규칙적인 생활을 하는 것이 건강의 비결이라는 할아버지는 3년 전부터 매일 오후 5시면 동네 친구와 함께 용두암 인근을 1시간 정도 산책하며 건강을 돌보고 있다.

해맑은 미소가 건강해 보이는 김 할아버지. "내가 팔아준 약을 먹고 병이 나을 때 보람이 있다."는 할아버지는 "안경을 쓰지 않아도 신문을 읽을 수 있는 것을 보니 당분간은 약방을 지킬 수 있다."며 환하게 웃었다.

(2002. 7. 22.)

●서민건강 지킴이 '약방'

약방은 의료 시설이 변변치 않은 시절, 서민들의 건강을 지켜주는 유일한 창구였다. 약방은 약국과 달리 조제되어 있는 약만을 팔 수 있는 곳인데 약종상(약업사) 면허를 따야 개업할 수 있었다.

의료 시설이 열악한 지역 주민들에게 보건 향상 차원에서 한시적으로 운영된 약방은 1930년대 초 제주시 관덕정 인근에서 '제일약방'이 처음 문을 열었고, 1968년 허가를 끝으로 사라져 가는 '보건 문화'다.

약방은 제주시에 5군데, 서귀포에 7군데(매약상 제외), 북제주군 14군데, 남제주군 7군데 등 33군데가 허가되었다. 그러나 지금은 17곳이 문을 닫아 제주시 3군데, 서귀포시 3군데, 북제주군 6군데, 남제주군 4군데 등 16곳의 약방만이 운영되고 있다.

약방은 약국이나 병원과 달리 대물림이 안 된다. 약종상으로 허가받은 이가 아니면 약방을 운영할 수가 없다. 그래서 약방을 운영하는 이들은 대개 60대 후반에서 70~80대의 고령자들이다.

2002년 7월 현재 제주도내에서 운영되는 약방은 제주시의 시민약방(건입동)·제일약방(용담2동)·제민약방(건입동), 서귀포시의 신양약방(중문동)·건일약방(토평동)·효돈약방(신효동), 북제주군의 신일약방(애월)·제생약방(김녕리)·칠련약방(김녕리)·은성약방(함덕리)·신창약방(신창리)·추광약방(추자), 남제주군의 제세약방(대정)·성산약방(성산)·의성약방(성산)·제신약방(표선) 등이다.

2004년 1월 김태환 할아버지가 사망하자 문을 닫은 제일약방.

김명선 사진

잠녀

박태평 할머니

바당서 전복 땅 돈 벌곡 한도 풀곡

입춘이 지나자 체감 온도가 한층 달라졌다. 햇볕도 따스해 봄기운이 완연하다. 2002년 2월 6일 북제주군 애월읍 애월리 바닷가. '테왁'이 둥둥 떠 있다. 물때를 맞춰 물질하러 나온 30여 명의 잠녀들이 바다 속에서 소라와 전복을 따느라 몸놀림이 분주하다. '호오이' '호오이'. 물새소리 같은 '호오이' 소리는 제주 잠녀들이 깊은 바다에서 해산물을 딴 후 호흡을 고르는 '숨비소리'다. 생명의 소리다.

30여 명의 잠녀들 중에 유독 눈에 들어오는 잠녀가 있다. 제주 잠

박정훈 사진

제주 잠녀들은 물에 들기 전에 '눈' 안에 쑥을 담고 간다.

녀들의 '왕 언니' 박태평(1917년 생 · 북제주군 애월읍 1805-1) 할머니. 세 시간 가까이 물질을 하고 나왔지만 결코 힘들어하는 기색이 없다. 역시 '왕 언니' 답다.

박태평 할머니는 열다섯 살에 친정어머니의 고향인 북제주군 한림읍 귀덕리에서 물질을 배웠다. 열일곱 살에 애월리로 시집와 꼬박 70년을 바다 밭에서 살았다. 할머니 나이 스물일곱 살에 1남 1녀를 두고 남편이 세상을 떠나 혼자 생계를 책임져야 했다. 하나밖에 없는 아들도 딸 손녀 하나 남겨 두고 세상을 등져 할머니의 가슴은 푸른 바다처럼 시퍼렇게 멍이 들었다.

박태평 할머니에게 바다는 그냥 바다가 아니다. 열 길 물 속을 헤엄쳐 소라도 따고 전복도 따고, 미역 · 우뭇가사리를 뜯는 생계 터전이자 맺힌 간장을 하나하나 풀어나가는 해원의 바다이다.

젊었을 때 밭일과 물질을 해서 번 돈은 남편과 아들의 병 수발에 다 썼다. 지금 사는 집도 아들이 세상을 떠난 후에 산 것이라고 했다. "이 바당(바다)을 남 주랴." 하고 욕심내서 물질을 했다는 박태평 할머니는 70살 때까지도 '상군' 소리를 들었을 정도로 이름난 잠녀였다.

팔십 중반의 나이에도 물질을 하는 박태평 할머니. 김영학 사진

김영학 사진

박태평 할머니와 함께 잠녀일을 하는 딸 조기봉 씨.

열여덟 살에 바깥물질 다녀와

"열여덟 살에 홍도에 물질 갓다 와서. 16명이 목선을 탕(타서) 물질을 가신디(갔는데) 자갈밭에 함바 쳐서 살멍(살면서) 물질을 헷주. 물질을 잘허니까 나보고 '애기 상군'이라고 불러서(불렀어). 서른 술(살) 넘은 사름보다도 물질을 잘헤 낫주(잘했었지). 봄에 강(가서) 가을에 왓는디(왔는데) 그때 번 돈으로 남펜(남편) 옥양목 중의적삼에 모시 두루마기를 해 입형(입혀서) 멩질(명절) 먹으레 뎅겨낫주(다녔었지)."

젊었을 때 삶을 떠올리는 박태평 할머니의 얼굴에 분홍빛이 인다. 박 할머니는 쉰여섯 살에 일본에 사는 오빠 초청으로 6개월 물질을 쉬었을 뿐 70년 동안 '일만, 일만' 하며 손에서 테왁을 놓아본 적이 없다. 테왁을 '목심'(목숨)에 비유하는 박 할머니는 "예전에는 집에 콕(박)을 심어서 직접 속을 파서 테왁을 만들어 썼는데 지금은 스티로폼을 사용해 만들기 때문에 깨질 염려를 하지 않아도 좋다."고 했다. 잠녀복도 많이 바뀌었다.

"내가 처음 물질을 헐 땐 고무옷이 어디 잇어(있어). 처음에는 소중기(소

바다 속에서 해산물을 캐고 있는 서귀포시 보목동 잠녀. 1973년 4월. 타나베 사토루 촬영. 고광민 편 《漁具》에서 발췌

중의)만 입언 몸 벌겅허게 냉(내놓고) 물질을 헷주. 물에서 나오민 추웡(추워서) 불을 피왕 몸을 말렷는데, 불 피울 지들커(땔감) 어시믄 말려 뒷던 멈(모자반)을 지들커로 썻주(사용했지). 소중기 후에는 소매 긴 '물사쓰'를 입엇고, 내 나이 쉰다섯 술부터는 고무옷을 입엇지. 고무옷은 뽕돌을 창(차고) 물질해야 허니까 허린 아파도 춥지 않허니까 물질은 잘 헤져."

뽕돌을 차지 않으면 잠수하지 못해 해산물을 딸 수 없었다는 박태평 할머니는 나이가 들수록 허리에 차는 뽕돌 무게가 무거워진다고 했다. 물질을 할 때 할머니의 허리에는 1관(3.75kg) 정도의 뽕돌이

드리워진다.

박태평 할머니는 애월에서 손꼽는 잠녀였다. 물질해서 상도 여러 번 받았다. 물질하는 모습이 갯가에서 보이지 않을 정도로 멀리 헤엄쳐 나가서 전복이랑 소라랑 해삼이랑 잡아왔다고 했다. 물질하는 게 재미있어서 평생을 '박태평'이란 이름으로 살아왔다고 했다.

"내가 물질을 잘 헐 때는 혼 번에 좀복(전복)만 서른 너 근 열두 냥쭘(20kg) 딸 때도 이서서(있었어). 못헐 때는 일곱 근 정도 허고. 먼 바당에 나강 망시리(망사리)에 좀복만 꽉꽉 채우고, 메역(미역)도 넘치도록 헤서 '이여도사나' 노래 부르멍(부르며) 힘(헤엄) 치멍 와 낫주. 이젠 엿날(옛날)만큼 좀복 씨가 어서(없어)."

이여도사나 이여도사나
이바당에 은과금 꼴렸어도
높은남게(나무에) 열매로다

– 〈이여도사나〉 중에서

제주잠녀들은 고무옷이 없을 때 무명으로 된 소중의를 입고 물질하였다. 홍정표 사진. 제주대 박물관 소장

요즘 할머니는 주로 소라를 잡는다. 할머니가 잡는 소라 양은 10kg에도 미치지 못하지만 큰 욕심은 없다. 바다에 나가서 푸른 바닷물에 몸을 담그고 후배 잠녀들과 세상 얘기를 하는 재미로 물질을 나간다.

할머니는 예전에는 "물질을 '상놈의 일'이라 해서 알아주지 않았는데 지금은 '병원 치료도 공짜', '약국에서도 공짜'라 대접을 받는 것 같다."며 활짝 웃었다. 아픈 데가 거의 없어 100살까지는 거뜬하게 살 것 같다는 박태평 할머니의 대를 이어 하나밖에 없는 딸 조기봉(1942년 생) 씨도 물질을 한다.

김영학 사진

애월읍 애월리 잠녀들이 물때를 맞춰 바다로 향하고 있다.

"요즘 사름덜은 너무 돈, 돈, 돈 허멍(하면서) 살아. 엿날엔 메역(미역) 행 오민(오면) 바당에 가지 않는 집에 나눠 주곡 헷는데, 요즘 사름덜은 경(그렇게) 박헐(박정할) 수가 엇어. 입는 것광 먹는 것은 좋아도 인심은 아니라. 아이덜토(아이들도) '호야', '호야' 허멍 키우지 말곡 박허게 키워사 야무지게 클 수가 신디(있는데)……."

85년 세월을 살아온 할머니 충고에 귀를 기울여 볼 일이다.

(2002. 2. 8.)

●제주 잠녀들은?

'테왁'을 생명 줄로 삼아온 여성 어업인을 부를 때 가장 적합한 단어는 뭘까. 일상적으로부르는 말은 '해녀'다. 그러나 오랫동안 바다 밭을 일궈왔던 사람들 입에서 듣는 소리는 '좀녜, 좀수' 등이다. '좀녜'와 '좀수'도 '아래아'(ㆍ)를 현대 음에 맞게 고쳐 부르다 보니 지금은 발음과 표기 모두 '잠녀'나 '잠수'로 하고 있다.

때문에 어촌계와 자치단체 등에서는 바다를 생활 터전으로 삼아 생활하고 있는 물질하는 여성을 두고 '해녀 · 잠녀 · 잠수' 등으로 혼용해 부르고 있다. 일각에서는 '해녀'는 일본식 이름이기 때문에 '잠녀' 혹은 '잠수'로 쓰는 것이 바람직하다는 의견을 보인다. 필자 역시 '잠녀'나 '잠수' 가운데 가려 써야 한다고 생각하는데, 필자는 '잠녀'를 쓰고 있다. 제주의 옛 문헌에 등장하는 어휘가 '잠녀(潛女)'이기 때문이다.

2001년 12월 말 기준 제주에서 잠녀 일을 하는 사람은 8,675명이다. 지역별로 보면, 제주시가 271명이고, 서귀포시 687명, 북제주군 4,491명, 남제주군 3,226명이다. 이 가운데 60대 이상이 절반이 넘으며, 갈수록 고령화 추세이다. 30대보다 80대 이상의 잠녀가 더 많은 것이 현실이다.

제주 잠녀들은 1년 열두 달 바다에서 산다. 이들이 주로 잡는 것은 주로 소라와 전복 · 성게 · 솜 · 문어 · 해삼 · 대합 등이다. 예전에는 미역도 많이 채취했지만, 지금은 거의 채취하지 않는다. 해초류로는 톳과 우뭇가사리가 주종을 이룬다.

잠녀들이 바다에 들어 물질을 할 수 있는 날은 한 달에 기껏해야 일주일 정도다. 날씨가 나쁘면 한 달 내내 물질을 하지 못하는 경우도 있다. 잡을 수 있는 해산물도 계절에 따라 다르다. 물질을 하지 않을 때는 밭일을 한다. 바다 밭과 뭍의 밭을 들락거리며 바지런한 삶을 꾸려온 제주 여성의 상징은 곧 제주 잠녀를 두고 하는 말이다. 잠녀들의 특징으로 강인성과 근면성을 꼽는 것도 그래서다. 오죽해야 '좀녜 애긴 낭 사을이민 물에 든다.(잠녀 아기는 낳은 후 사흘이면 물질 간다.)'는 속담이 생겼을까.

잠녀들이 무리를 지어 물질을 가고 있다.

강정효 사진

수의 기능인

김경생 할머니

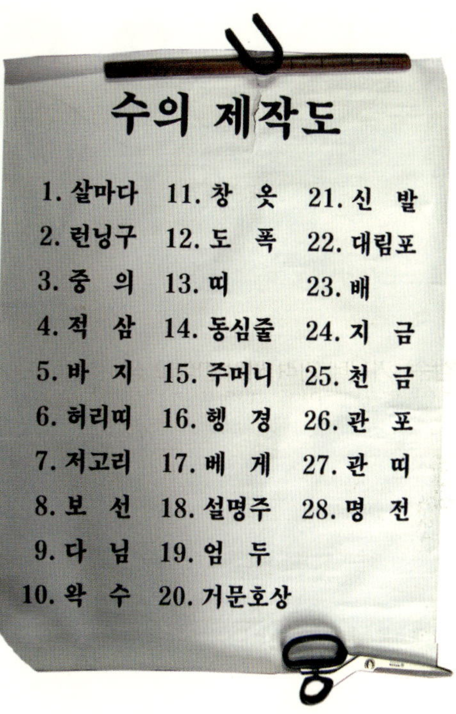

김경생 할머니가 교육하기 위해 적어놓은 수의와 부속품 종류.

동료 할머니와 함께 수의 작업장 차려

"인간은 한 세상이기 때문에 마감할 때까지 마음 깨끗이 하면서 살아야 합니다. 자기 처신을 잘해야 죽어서도 대우를 받을 수 있어요."

2002년 1월 4일 제주시 무형문화유산 제3호 '수의와 부속품 제작' 기능인으로 지정된 김경생(1921년 생) 할머니가 강조하는 말이다.

김 할머니가 수의와 인연을 맺은 것은 제주시 이도1동 노인회 여성부회장을 맡을 당시 여성 노인들에게 뜻 깊은 소일거리를 찾으면

강정효 사진

제주시 이도1동 동사무소 2층에 마련된 수의작업장에서 상복을 만드는 사람들이다. 왼쪽부터 차경후, 김경생, 송옥만, 이계생 할머니.

서부터다. 지난 1993년부터 제주시 협조로 수의 제작을 해온 게 지금까지다. 김 할머니는 제주시 이도1동 노인정 내 수의 작업장을 내고 50여 명의 회원들과 함께 얼추 10 년째 수의와 상복을 제작하고 있다.

그 곳에는 김 할머니 외에 이계생(1922년 생) · 차경후(1923년 생) · 고태자(1925년 생) · 김양순(1930년 생) · 송옥만(1933년 생) 할머니 등 다섯 명의 할머니가 상근하며 수의를 제작한다. 김 할머니가 수의와 상복 등을 마름질하면 다른 할머니들은 바느질을 한다.

김경생 할머니가 바느질을 하기 시작한 것은 열여섯 살 때부터다. 향교를 드나드는 친정아버지의 뒷바라지를 위해 '도복'(도포)을 만들었던 게 인연이 되어 열여섯 살에 시집가서도 시집 식구들의 옷을 도맡아 지었다.

"하루는 시아버지가 도복을 지어달라고 합디다. 마름질할 줄 몰라 도포 현품을 보고 옷을 지어 드렸는데 잘 지었다고 칭찬을 해 주셨어요. 그후로는 제가 시어른 옷 뒷바라지를 해 드렸어요."

수의 기능인 김경생 할머니. 김영훈 사진 ➔

김영훈 사진

수의를 정성껏 개고 있는 김경생 할머니.

김경생 할머니는 이후 동네에서 할머니의 손이 필요하다면 어디든 불려가 실력을 발휘하는 '바느질와치'였다고 한다. 수의도 만들어 내었다. 수의는 옛 어른들이 만드는 것을 어깨 너머 배운 실력이라고 하는데 '품삯'을 받고 일을 해 보지는 않았다고 한다.

할머니가 본격적으로 '대가'를 받고 수의 작업을 한 것은 10년 전, 제주시 이도1동 노인정에서 수의 만들기를 하면서부터다. 할머니의 수의 제작은 전통 방식에 따라서 하기 때문에 살려야 할 우리 고장의 문화유산이라고 할 수 있다. 그러나 문제는 할머니처럼 전통 방식으로 수의를 제작하는 사람이 얼마 되지 않아 전수 작업이 절실한 상태이다.

"살앙 못 헌 호사 죽엉이라도 해사 주"

"제주에서는 수의를 '호상옷'이라고 하는데 만들 줄 아는 사람이 그리 많지 않아요. 호상옷 만드는 법이 사라질 즈음, 제주시에서 100만 원씩 후원해 줘 시작한 일이 벌써 10년입니다. 수의와 상복을 제작해 노인 회원들의 용돈 벌이도 하고, 수익금의 일부는 불우 노인들을 위해 쓸 수 있어 기쁩니다. 한 해에 제주시 이도1동 관내 어려운 노인 2명과 양로원과 요양원에 계신 두 명을 선정, 4벌씩 수의를 선물하고 있어요. 우리보다 못한 사람들을 위해 일할 수 있어 회원 모두 영광으로 생각하고 있습니다."

김영훈 사진

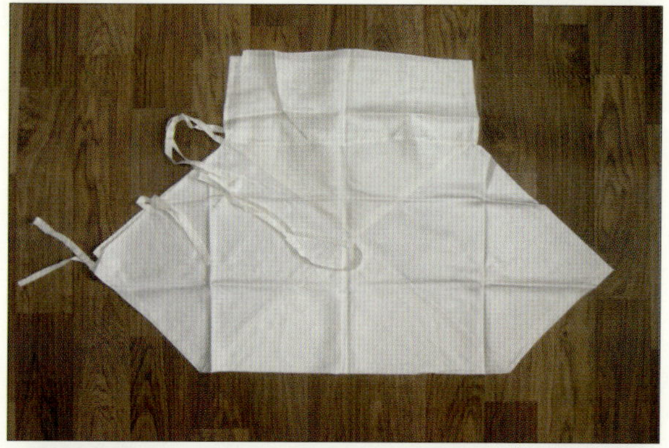

바느질 도구와 여자속곳 소중이(가운데), 신발 등 부속물.

우리네 사람들은 혼례 때 '옷을 잘 갖추어 입는 것처럼' 예로부터 호상옷도 잘 갖췄다고 한다. 아무리 힘든 삶을 살아도 저승에 가서는 '호사하라'는 뜻에서 호상옷 만큼은 예법 대로 잘 갖춰서 최고로 해서 입혔는데, 예부터 이어온 이런 전통이 오늘날까지 이어지고 있다.

호상옷, 가짓수만 28가지 부모 생일 등에 선물

호상옷은 가짓수만 십 수가지가 넘는다. 마름질을 포함해 호상옷 한 벌 짓는 데 넉넉잡아 4~5일은 걸

김영훈 사진

수의 중 여자 치마 저고리(위)와 남자 바지 저고리.

린다니 상상만으로도 그 공이 상당함을 알 수 있다.

여자 옷을 보면, 소중의(속곳) · 속적삼 · 겉적삼 · 속중의 · 과두(허리띠) · 바지 · 저고리 · 속치마 · 겉치마 · 장옷(겹장옷) · 엄두 · 보선 · 왁스(손장갑) · 주머니(손톱 · 발톱 싸는 것) · 베개(2개) · 천금(이불 · 여자 이불깃은 붉은색, 남자 천금은 초록색 깃을 달았다.) · 지금(요) · 대림포 등 28종이며 검은호상과 신발 · 동심줄(동심결) 등은 따로 준비했다. 호상옷은 여자는 혼인할 때 입는 옷과 같고, 남자는 사모관대 대신 이승에서 가장 큰 옷인 도포를 입혔다.

호상옷은 사람에 따라 삼베로 만들기도 하지만 명주를 최고의 재료로 썼다. 무명이나 모시, 화학 섬유는 절대 호상옷의 재료로 써서는 안 된다. 무명옷은 시신이 썩을 때 새카맣게 만들고, 모시를 쓰면 자손들의 머리에 새치가 생기게 하며, 화학 섬유를 쓰면 시신이 잘 썩지 않는다고 해서 피한다.

김경생 할머니가 수의를 만들고 있다. 김영훈 사진

"옛날에는 호상옷의 장옷 고름과 끝동은 물색으로 했었어요. 그러나 이묘할 때 뼈에 빨강물과 파랑물이 들어 있다는 속설이 번지면서 15년 전 즈음부터는 거의 흰색 명주로 호상옷을 하고 있어요. 사람이 한 평생을 살다 가면서 집도, 돈도 가져가지 못하는데 몸 하나만큼이라도 정성들여 보내자는 뜻에서 호상옷에 정성을 들이는 것 같아요."

호상옷은 보통 부모 생일이나 환갑 때 자식들이 선물했다고 한다.

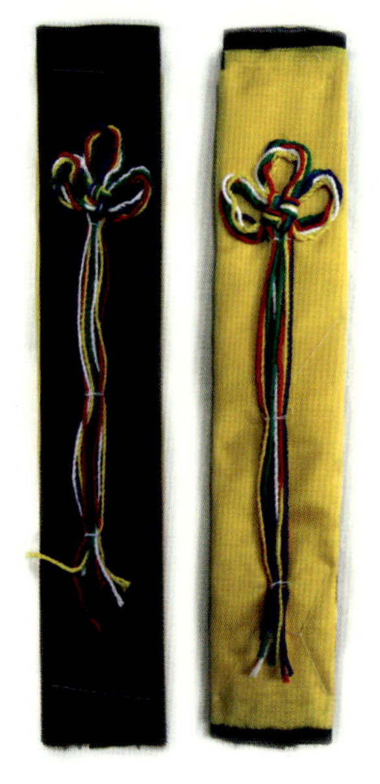

검은호상(위)과 동심결. 김영훈 사진

호상옷을 할 때는 맛난 것을 만들어 호상옷을 짓는 사람들을 대접하고 한바탕 놀기도 했다. 그러나 지금은 생전에 자신이 입고 갈 호상옷을 미리 해두는 사람이 많다. 자식들에게 걱정을 끼치지 않겠다는 부모들의 깊은 애정을 확인할 수 있는 부분이다.

"아무리 건강해도 언제 죽을지 모르는 게 인생입니다. 예전에는 일흔 살이 넘어야 호상을 했는데, 지금은 환갑 때 많이 해요. 환갑 때 호상옷을 해 두면 명이 길다고 합니다. 검은호상 안감을 붉은색으로 대는 것은 자식들의 눈을 밝게 해주기 때문이라고 하는데 옛 어른들의 말씀이 틀린 게 하나도 없어요."

김 할머니는 "아무리 세상이 바뀐다 하여도 옛날 것은 잊혀지지 않아야 해요. 젊은 사람들도 수의 만드는 법을 배워 훗날까지 호상옷 짓는 법이 우리의 전통으로 이어졌으면 해요."라고 덧붙였다.

(2002. 2. 22.)

● 수의란?

사람은 세상에 태어나서 딱 한 번 살다가 간다. 평범하게 살아도 딱 한 번 살고, 부와 영예를 누리며 살아도 딱 한 번뿐인 게 우리네 인간의 삶이다. 그래서 한 번뿐인 삶을 헛되이 보내서는 안 되는 것이다.

사람들은 통과의례 때 가장 큰 호사를 하였다. 통과의례는 인간이 이 세상에 태어나서 이승을 하직할 때까지 거쳐야 하는 관문이다. 통과의례 중에서도 세상에 고고지성(呱呱之聲)을 울리는 탄생과 혼례, 장례를 가장 중요하게 생각하였다.

특히 살아생전 고생만 하였던 사람이라 할지라도 죽을 때는 부귀를 떠나 평등해진다. 부자도 가난한 자도 죽을 때 입는 옷, 수의만큼은 거의 비슷하게 '호사'를 하기 때문이다.

수의는 염습할 때 입히는 옷으로, 제주에서는 '호상옷'이라고 한다. 호상옷은 보통 흰 명주로 만들었다. 여자인 경우는 혼인할 때 입었던 원삼을 환갑 때 다시 입고 잘 간수하여 두었다가 호상옷으로 삼았다. 남자인 경우는 혼인과 환갑 때 입었던 도포를 수의로 입혔다. 그러나 지금은 대부분의 사람들이 흰 명주로 호상옷을 새로 짓고 있다.
호상옷은 살아생전에 자신이 직접 준비해 두기도 하지만, 자식들이 환갑 때 지어서 드린다. 호상옷은 보통 윤달에 짓는다. 윤달은 '공달'이라 하여 아무 탈이 없고, 이 때 호상옷을 지어 두면 무병장수한다는 속신이 있다.

요즘은 재봉틀을 사용해 호상옷을 만들지만 예전에는 손바느질로 지었다. 바느질을 할 때도 매듭을 짓거나 뒷 바느질은 절대 삼갔다. 매듭을 짓지 않는 것은 "세상에서 맺힌 한을 풀고 가라."는 산 자의 염원이며, 뒷 바느질을 않는 것은 "뒤돌아보지 말고 저승으로 잘 가라."는 뜻이 내포되어 있다. 우리 조상들의 삶의 지혜가 느껴지는 대목이다.

일제강점기의 제주도내 장례풍속.

서울대 소장

● 참고문헌

《조선왕조실록》

국립제주박물관, 《제주의 삶, 제주의 아름다움》(김순이 선생 기증유물특별전 도록), 2002.

문화재청, 《2002 중요무형문화재 보유자 작품전》(도록), 2002.

제주대학교박물관, 《만농 홍정표 선생 사진집-제주사람들의 삶》, 1993.

제주시, 《사진으로 엮는 20세기 제주시》, 2000.

______, 《제주시50년사》, 2005.

제주시 · 제주대학교박물관, 《갓일》, 2001.

제주도, 《제주도무형문화재조사보고서》, 1986.

______, 《제주의 민속》(Ⅰ), 1993.

______, 《제주어사전》, 1995.

______, 《제주의 해녀》, 1996.

______, 《제주100년》(도승격 50주년 기념 사진집), 1996.

______, 《제주의 문화재》(증보판), 1998.

______ · 제주전통문화연구소, 《제주도큰굿자료》, 2001.

한국문화재보호협회 · 전통공예관, 《1992 중요무형문화재 보유자 작품전》(도록), 1992.

한국이동통신제주지사, 《제주의 민요》, 1995.

고광민, 《漁具》, 제주대박물관, 2002.

김영돈, 《제주도민요연구》(상), 일조각, 1965.

______, 《한국의 해녀》, 민속원, 1999.

김영돈, 《제주도 제주사람》, 민속원, 2000.
______, 《제주도민요연구》, 민속원, 2001.
김지순, 《제주도 음식》, 대원사, 2001.
______, 《제주도 음식문화》, 제주문화, 2001.
김호천, 《돌가마》(사진집), 가시아히, 2002.
문무병, 《제주도무속신화-열두본풀이자료집》, 칠머리당굿보존회, 1998.
박영대, 《우리 그림 백가지》, 현암사, 2002.
정병모, 《한국의 풍속화》, 한길아트, 1998.
현용준, 《제주도 무속자료사전》, 신구문화사, 1980.
______, 《민속사진집-영》, 도서출판 각, 2004.

● 도움 주신 분들

강문규(한라일보 논설실장)
강영봉(제주대 교수)
강정효(뉴시스 기자)
고광민(제주대학교박물관 학예연구사)
김광빈(칠머리당굿보존회 사무국장)
김기삼(제주도의회 근무)
김대생(제민일보 사진부 차장)
김동윤(제주대 교수)
김명선(한라일보 사진기자)
김영학(제주투데이 기자)
김영훈(탐라미술인협회 회원)
김창훈(제주시 용담2동)
김호천(연합뉴스 기자)
문두경(사진가)
박경훈(화가)
부현일(JIBS 기자)
서재철(포토갤러리 자연사랑 대표)
오창명(제주대 강사)
이광진(제주시청 공보실 근무)
이순진(프리랜서)
조성익(제민일보 사진부 기자)
현용준(제주대 명예교수)

제민일보
한국예술문화단체총연합회 제주도연합회

찾아보기

라

마

바

자